自分を変える話し方《ジブンヲカエルハナシカタ》

CHANGE YOUR THINKING, CHANGE YOUR LIFE

寺田有希《テラダユキ》
YUKI TERADA

CROSSMEDIA PUBLISHING

なんとなくでも生きていける、
この世界で。

はじめに

はじめまして、寺田有希です。

『自分を変える話し方』を手にとっていただき、
ありがとうございます。

私は誰もが知るような女優になるべく、
2004年に芸能界デビューをしました。
その後、2012年に所属事務所を離れ独立。
それからは自らのことを「ベンチャー女優」と名づけ、
約12年間に渡り、フリーランスで女優・MC・タレント・歌手など、
ジャンルを問わずに活動してきました。

この本は、

「人生を変えたいと何度も思うけど、なかなかうまくいかない」
「冴えない自分から抜け出したい」
「コミュニケーションの苦手意識が取れない」
「なんとなく今の人生に不安（不満）がある」

そんなモヤモヤを抱えている方に向けて書きました。
なぜなら私も、
ずっと同じような気持ちを抱えてきたからです。

これまでの人生で現状をどうにかしたいと
何度ももがき、何度も失敗してきました。
そして長い月日をかけた今、
自分の中に少しずつ、
変化を感じられるようになりました。

私に「変化」のきっかけをくれたのは、
「話し方」でした。

「**話す仕事**」と出会ったこと。
「**話し方**」と真剣に向き合ったこと。
話し方に自信が持てたことで、
私の人生は大きく前へ進みました。

本書では、
その「変わる」きっかけをくれた
「話し方」のポイントをお話ししていきます。
そして、どのように考えていたから
私は「変われなかったのか」
はたまた「変わることができたのか」を、
実体験を元に得た、
変化に必要な「気づき」をお伝えしていきます。

まずはこの本を通して、「こんな人もいるのか」と感じてください。
そしてぜひ、自分の人生と照らし合わせて、
この本を読み進めていただけたらと思います。

ここから、私の個人的な経験やエピソードを述べていきます。
しかし、「私の苦労をあなたにも知ってほしい」わけでは決してありません。
私が過去を振り返るとともに、
あなたにも人生を振り返っていただき、
自分自身と向き合うきっかけにできたらと信じてのことです。

また、ここからご紹介する「話し方」の技術はすべて、
独学で身につけた持論です。
心理学や行動科学といった
エビデンスに基づく教えではないことを先にお断りします。

これは、自分のことが好きではなかった私が、
自分を好きになるまでのお話。

「話し方」と向き合えば、
人生はもっと明るくなる。
人生をもっと楽しめる。
人生をもっと前向きに歩いていける。

この本があなたの人生にそっと、
手を差し伸べられることを信じて。

これからの世の中を生き抜くために、
あなたを変化へと突き動かす原動力になれることを願っています。

自分を変える話し方　目次

第1章 自分の弱さと向き合う

第2章 自分を変えるきっかけを見出す

第3章 話し方を変える準備（マインドセット編）

第4章 自分を変える話し方（話す技術・聞く技術編）

終章 自分の足で歩いていく

ブックデザイン　金澤浩二
イラストレーション　坂本奈緒

序　章

自分のことを好きになるために

私は、昔の自分が好きではない

いきなりですが、私は、昔の自分が好きではありません。

昔の自分を客観的に見て、本当にかわいくなかったなと思うからです。

「そんなことないでしょ！」とツッコんでくださる心優しい方もいるかもしれないので、あえて自分で補足しますが、見た目とかそういう話ではありません。


人としての「愛嬌」みたいなものが、皆無だったと思うんです。


改めまして、こんにちは。寺田有希と申します。

自らのことを「ベンチャー女優」と名づけ、フリーランスで女優・MC・タレント・

歌手など、様々な活動を行っています。

本来であれば、今頃たくさんのドラマや映画に出演して、女優として活躍をしているはずだったのですが、人生には紆余曲折がありまして。現在の私といえば、仕事の大半がMC業など「話すこと」が中心になりました。

これまでMCを担当させていただいた出演作の本数は、YouTube番組を中心に、イベントやビジネスカンファレンスなど、ざっと合計で約3000本くらいはあると思います。

ありがたいことに、お声がけくださる企業さんの数も年々増加し、講演会なども合わせて、「話す仕事」が今や生業となってきました。

女優の仕事を行う回数は、正直、めっきり減ってしまいました(もちろん辞めてないですよ)。そう考えると、「女優になること」が夢だった私は、夢に破れた人ということになるのでしょう。

でも私は今、仕事をすることが楽しいと思うし、何より、昔よりも自分のことを好きになれているなと思うんです。

そして今の方が、自分の人生を楽しめているような気がしています。


今となっては、フリーランスの働き方も珍しいものではありませんよね。

ですが、私がフリーランスになった2012年といえば、世の中にはその働き方はまだ定着しておらず、特に芸能界では、受け入れられる空気もなかった時代でした。

そんな時代、2012年の3月31日をもって、大手芸能事務所との専属契約を終了した私は、同時に大学も卒業。新しい事務所も見つからぬまま、いきなりフリーランスとして活動を始めることになったのでした。

お金もない。仕事もない。人脈もない。でも、夢は諦めきれない。

そんな状況からなんとか脱出したいという思いだけで、ここまで進んできました。

皆さんはこれまで、一体どのような人生を歩まれてきたのでしょうか。

誰もがそれぞれの人生を生き、その中にある葛藤や苦難、選択の重さを想像しようとしても、到底できるものではありません。

しかし、「自分を変える」をテーマに書いたこの本を読んでいるということは、心のどこかに不安や不満を抱え、少しでも現状を良くしたいと願い、自分や日常に何かしらの「変化」を求めているのではないでしょうか。

「今のままではダメ」とわかっている。
「何かしなきゃいけない」こともわかっている。
だけど、何もできていない。

こんな風に心のどこかで思いつつ、変われない自分に焦りながらも、その焦りに気づかぬよう、できるだけ楽しく過ごしている。
たまに姿を現す漠然とした不安をなんとかやり過ごしながら、日々を生きている。
そんな方は少なくないのかもしれません。
もしそうだとしたら、すごく気持ちがわかります。
なぜなら私も、同じ部分があるから。

人生を変えるために何をすればいいのかを考えて、実際に行動し、変化を手に入れられる人って、本当にすごいですよね。だけど、このように考え行動できる人って、ものすごく少ないのではないかと私は思っています。
そう考えると、「人生を変えたい」という強い想いを持つこと自体、とても難しいのではないでしょうか。

私も、そうでした。

もちろん私も、「人生を変えたい」と強く願い、行動し、「現状をなんとかしたい」ともがいたことは何度もあります。ですが、何度も失敗してきました。

本当の意味で変化を感じられたのは、決意を固め、未来の計画を立て、行動してきた時ではありませんでした。

変化を感じるまでにやっていたことといえば、明日を生きるために、今日できることを必死にやってきただけでした。

立場上、これまで「自分を変えたいと願い、実際に変化を手に入れてきた人」を近くでたくさん見て憧れてきたこと。

そして、泥臭くがむしゃらに変化を手に入れてきた私だからこそ、伝えられることがあると思ったんです。

「自分を変える」とは何か

「人生を変える」ための一番の方法は、「環境を変える」こと。

これは自分の「変化」を求める時、よく聞く言葉ですよね。
私自身、この言葉を信じて、何度も「環境の変化」を選択してきました。

芸能界デビューを目指し、オーディションを受けた15歳。
芸能活動を頑張るための進学を決めた、16歳。
新たな仕事を求めて東京への上京を決めた、18歳。
フリーランスで戦っていくと腹を括った、22歳。

もちろん、環境を変化させたことで得たものはたくさんあるし、私の人生にとって必要な経験だったのも事実です。だけど、これだけ環境を変えたことで、自分の願望や変化を手に入れられたのか？　と問われると、決してそんなことはありませんでした。

私は「人生を変える」ということに、何度も失敗してきたわけです。

自ら思考し、行動するのは難しいからこそ、「人生を変えたい」と強い願望を持てる人、実際に変化を手に入れることができる人自体、すごく少ないと感じていることは、先ほどもお伝えしました。

でも「人生を変えたい」という気持ちを持っている人、そのために実際に動いてみたことがある人、さらには私のようにうまくいかず何度も失敗してきたという人は、多いかもしれませんね。

ここで一旦、原点に立ち返りたいと思います。

「人生を変える」とは、一体どういうことなのかを考えてみましょう。

様々な解釈があるとは思いますが、今の私なりの、この本なりの定義を、まずお伝えしたいと思います。

「人生を変える」といっても、自分の存在を変えられるわけではありませんし、いきなり性格を変えたり、過去を変えたり、未来をコントロールできたりもしません。

その中で、今の私が一番しっくりきているのが、「人生を変える＝自分のこと（人生）をもっと好きになる、自分のこと（人生）をもっと愛せる」という感覚です。

今の私はといえば、ＭＣ業をやらせてもらうことが増えました。

理想としていたような女優にはなれていませんが、今は仕事をするのが楽しいし、がむしゃらに夢を追いかけていた昔よりも、自分のことを好きなんです。

夢を追いかける道の途中で、何度も人生を変化させようと前に進んできた結果、私は思い描いていたものとは全く違うことをやっている。そんな自分を、好きだと思えているわけです。

自分のことを好きだと思えて、楽しみながら、自分の人生を頑張ることができる。
それが叶ってこそ、「人生が変わった」といえるのではないでしょうか。

つまり「人生を変える」には、まずは「自分を好きになる」ことが必要なんだと思います。

自分を好きになれるから、自分が変わる。
自分が変わるから、人生を変えていくことができる。

もちろん、自分が望む結果を手に入れることも大事だけど、その過程を歩んでいる時間の方が長いわけですから、その過程をどれだけ楽しめるか。納得して進めるか。
そんな自分でいられる方が、大事だと考えるようになりました。
なぜなら夢や目標は、結果論にしか過ぎないのですから。

もっと自分のことを好きになるために。
もっと自分の人生を楽しみながら頑張るために。
この本が、そんな風に自分を変えていくヒントになれたらと思っています。

人生を頑張っていくための武器

でも、この本のタイトルは『自分を変える話し方』です。

「話し方」はどこいった？って、思いますよね。

「変わる」と「話し方」。

このワードだけを見ると、全然つながらないような気がするかもしれませんが、実は私に自分のことを好きになれる「変化」のきっかけをくれたものこそ、「話し方」だったと感じているのです。

ＭＣという仕事に出会ったこと。

「話し方」について、真剣に考えたこと。

これこそが、「自分を変える」きっかけでした。

唐突ですが、私は人見知りです。

いまだに「はじめまして」の人と話をするのは緊張して黙ってしまうし、大人数が集まる場所は苦手で帰りたくなるし、いきなり意見を求められても、うまく言葉にできないことだってたくさんあります。

そう。

話し方やコミュニケーションに対して、元々強い苦手意識があるのです。

今でも得意とは言い切れませんが、MCの仕事を通じて自分なりの方法論を身につけたことで、コミュニケーションのハードルが下がり、人と話をすることが昔よりも怖くなくなりました。

そして、話し方やコミュニケーションと向き合っていった結果、自分が好きだと思えることが増えていきました。

変化を望んだ結果として、自分の人生を愛せなかったり、頑張れなかったりするのは、望ましいこととは言えません。つまりは、自分の手でそれぞれの人生を頑張っていくための武器を身につけておく必要があるということです。

私にとってはそれが、コミュニケーションであり、話し方でした。

自分を変えることと、話し方。

関係ないように思えるかもしれませんが、いい話し方を身につけることで、人生を豊かにできる。私はそう信じています。

■各章の構成

最後に、各章の構成についてお伝えします。

第1章では、私が事務所を退所するまでの出来事にフォーカスを当て、「なぜ私は変わることができなかったのか」、その理由をお伝えしていきます。

繰り返しになりますが、ここから語るのは私の個人的な経験ですが、この本を読むあなたが経験してきたことと照らし合わせながら、自分自身と向き合うきっかけにできたらと願ってのことです。

第2章では、私が変わるきっかけとなった「思考の転換」について、主にベンチャー女優として新たな一歩を踏み出した後の話から紐解いていきます。

「自分を変える」ために、どんな考え方、どんな行動をすれば良かったのか、私自身の経験の中で気づかされた普遍的で大切なことをお伝えしていきます。

第3章からは、私が「自分を変える」ために欠かせなかった「話し方」について述べていきます。
ここでは話し方やコミュニケーションと向き合う前の準備段階として、その考え方をお伝えします。

第4章では、約10年間のMC経験の中で身につけた、私なりの「話し方」の技術について述べていきます。
この後でも触れますが、私は「話し方」を磨くには「聞く力」が欠かせないものだと思っています。いかに言葉を受け取れるか、空気を操れるかこそが、いい「話し方」のスタートだと考えているのです。

そして終章では、自分と向き合い、ようやく自分の変化を感じることができた私の「これから」についてお話ししていきます。

自分を変えるための答えは、あなたの中で見つけるしかありません。
この本を通して、あなただけの答えを見つけるきっかけになれたら幸いです。

第1章

自分の弱さと向き合う

なぜ、私は変われなかったのか

ここから、私のこれまでの経験から得た「変化」に関する教訓を、実際のエピソードを交えてお話していきたいと思います。

まずこの第1章では、「ダメだった自分」「なぜ、自分は変われなかったのか」に焦点を当て、自分自身の人生を徹底的に振り返りながら、思考や行動の棚卸しをして、さらには現在の考えとセットに述べていきます。

なぜこんなことをするのか。

それは、自分のことを俯瞰で観察し、自分自身と向き合い、自分自身について理解することが、「変わる」ための一歩目だと思っているからです。

こんなことをいうと、「自分のことくらいわかっているよ」と思われる方もいるかもしれません。ですが、一度考えてみてください。

何が好き?
どういう自分でありたい?
何をしている時が一番幸せ?

パッと答えられるでしょうか?

きっと、この本を手に取ってくださっている方の中には、「何をやりたいかわからない」「何が好きかわからない」という方も多いのではないでしょうか。

人生を変えていくために行動するには、明確な目標と目的を持つよりも先に、自分と向き合い、自分を知ることの方が先に必要なんだと思っています。

なぜなら、人生を振り返ること、そして自分自身と向き合い、自分を知ることが、自分を変える、つまり「自分を好きになる」ために踏むべき、大事なプロセスだったからです。


と、簡単に言っていますが、これって実はすごく難しいことです。

なぜなら、「自分はこういう人間だ」という気づきは、時には目を背けたくなるような、自分の本質を深く突くものでもあるからです。

私たち一人ひとりが日々を懸命に生きているからこそ、自分を傷つける可能性がある鋭いものからは、自然と目を背けるクセがついてしまっているのかもしれませんね。

そんな精神力も体力も必要な取り組みだからこそ、その必要性に気づいていたとしても、自分と向き合うことは簡単ではないのです。


私もここから、自分の人生と1つずつ向き合っていきます。

よろしければ皆さんも、一緒にご自身の人生を振り返ってみてください。

順調だったデビュー当時

自分の考えに固執し、自分の信念を貫くことが正義だと思い込む

私が子どもの頃は、エンタメといえばテレビの時代でした。ゲームや漫画よりもテレビが好きで、人前に立つことも好きだったこともあってか、「テレビの中に行きたい！」と、気がつけば芸能界を志していたんです。

とはいえ、スマホやSNSはもちろん、インターネットがギリギリあったくらいで、芸能界に入るというのは、とても狭き門だった時代。何も行動をしていなかったのですが、中学3年生になった時、ふと思ったんです。

「一度も挑戦しないまま、ただ進学の道を選んでもいいんだろうか」って。

そして私は、中学3年生の時、これが最初で最後の挑戦だと心に決め、大手芸能事務所のオーディションを受け、芸能界デビューをすることになります。

ここでは細かな説明は省略しますが、誰にも言えずに長年心にしまっていた夢のスタート地点、芸能界デビューの切符を手に入れることができたのです。

自分の意思で挑戦して得た成功、それと同時に手にしたものがあります。

それは、「自分の信念を貫くことこそ正義だ」という考えでした。

まさにこの中学3年生でデビューを勝ち取った成功体験こそ、この偏った思考のスタート地点だったように思います。

デビューが決まってからも、ありがたいことに順調に仕事が決まっていきました。

まずは、デビューから間もなくしてソロの写真集を出版し、書店や関係者の方がびっくりするような部数を売ることができました。

さらに翌年には、週刊ヤングジャンプ（集英社）が主催する制服コレクション（通称、制コレ）という、タレントの登竜門的なオーディションでグランプリを獲得させていただきました。

ほかにも、ラジオのレギュラー出演が決まったりなど、まさに順風満帆。あまりにも好調すぎるスタートでした。

積み上がっていく成功体験。

それに比例して、むくむくと膨れ上がっていった自信。

気づけば私の中の正義感はより一層顔を出し、信念を貫かなくてはいけないと、どんどん躍起になっていったのです。

でもこうお伝えすると、「自分の信念を貫くのも悪くないのでは？」と思う方もいるかもしれません。

もちろん、自分の信念や強い意思を持つことは大事ですし、時にはその信念を誇示して生きている人がステキに見えることもあるのはたしかです。

でもそれは、独りよがりではないことが前提なんだと思います。

周りの意見に耳を傾け、世の中に目を向け、学ぶ姿勢を忘れずに、総合的に自分のことを観察する。その上で、自分の曲げたくない信念や強い意思を持つ。

この順番であればこそ、成立することなんです。

裏切られたドラマのオーディション

人の言葉を聞かず、大人の意見にも耳を傾けない

積み上がっていく成功体験のさなか、新人女優の登竜門とされるオーディションに、なんと合格することができました。

しかもそれは通常のオーディションとは違い、約3ヶ月の長い時間をかけてワークショップを受け、レッスンを重ねて、その様子から総合的に判断されるものでした。見た目や少しの演技だけで判断されるのではなく、実力などいろんなことを見られた上で勝ち取った合格。何百人もの参加者がふるいにかけられていく様をこの目で見ていたこともあり、それはもう、自分のことを認められた気がして嬉しかったんです。

でも結局、合格の連絡をもらい、台本を受け取り、衣装合わせも済ませ、母親役の方と挨拶までさせていただいたのに、私がその役をやることはありませんでした。

大人の事情で、本番直前に下ろされてしまったのでした。

当時のマネージャーさんを筆頭に、たくさんの方が抗議するなど努力してくださったのですが、最終的に大人の事情が覆されることはありませんでした。

世の中に対して。そして大人に対して。

諦めの心が、私の中ですくすく育っていく音がしました。

そして、自分の信念を貫くという正義感は、「女優になりたければ、女優の仕事以外をしてはいけない」という想いがより強固になり、人の言うことを聞けない体質が出来上がってしまったのでした。

今思えば、これが本当に良くないことでした。

自分が成長の真っ只中にいるほど、うまくいっている時ほど、自分の実力は誇示したくなるものだし、ダメ出しや助言をしてくる人の言葉を聞きたくない。そう思う気持ちにもなってしまいがちです。

そうやって、自分の強い意思や信念にしたがって突き進む推進力も時には大事ですが、人の言葉に耳を傾けるという意識だけは、捨ててはいけませんね。

偏った信念を貫こうとし、人の言うことを聞けなくなってしまったことで、私は本当に聞くべき言葉さえも逃してしまうようになってしまったのでした。

クイズ番組のオファー

人のアドバイスを素直に聞けない

今でもはっきり覚えています。

ある日事務所に呼び出された私は、マネージャーさんからこう言われたんです。

「クイズ番組から出演オファーがきたんだけど、有希ちゃん向いていると思うから出てみない?」

もし今、こんな話をいただいたのなら、私は速攻で「出ます!」と答えるでしょう。

でも当時の私は、「有希ちゃんに向いていると思う」というマネージャーさんからのアドバイスを聞き入れられず、断ってしまったのでした。

これがまさに、本当に聞くべき言葉を逃してしまった瞬間だったと思います。

振り返って考えてみると、「有希ちゃん向いていると思うけど」という、この部分の聞こえ方が今では全然違うなと思います。

自分の信念や考えとは違う意見に触れた時。自分の心持ちと相手への信頼度合い次第で、言葉の受け取り方って、大きく変わっていくんですよね。

今なら「私のことを考えてくれているんだな」「こういう仕事が私に向いているのか」と前向きに捉えることができます。

だけど当時の私は、「女優がやりたいと言っているのに、どうしてクイズ番組なんだろう」「女優以外の仕事はやらないと言ったのに、なぜ女優以外の仕事を提示してくるんだろう」と、思ってしまっていました。

当時はマネージャーさん然り、私のためを思って、必死になって動いてくださっていたのも事実だったんです。

いくら世の中と大人に対して絶望をしたとしても、自分に注がれている愛の量を考えないままに言葉を聞き入れないということは、絶対にしてはいけませんでしたね。

今でも、あらゆる人を一度は信頼すべき、すべての助言を聞き入れるべきなどと思っているわけではありません。

ですが、聞くべき人の言葉さえ聞けないほどに自分の殻にこもってしまうと、それはチャンスを逃してしまうことにつながってしまうのです。

「自分の良さに気づいてくれる人に、まだ出会えていないだけ」

実力アップから目を背け、誰かのせい、環境のせいにする

ここまで述べてきたように、あまりにも極端で凝り固まった考えを持ってしまっていた私ですが、これでも仕事に対しては全力投球をしていたつもりでした。

ただ、根本的な部分で努力する方向がズレてしまっていたのは事実なんです。

今思えば、競争率の高い世界で戦い、勝ち残っていこうと思えば、誰にも負けないだけの実力や、それに勝るようなキラリと光る個性が必要になります。

そのために伸ばすべきは、「人からどう見られるか」というハリボテできれいな外面ではなく、堂々と誰かに誇れるような自分の実力と内面でしょう。
それを履き違えていた私は、外面ばかりを気にしていたんです。

どうすれば、監督に気に入られるか。
どうすれば、仕事をもらえるか。

そんな考え方では、新しい仕事が決まっていくはずもありませんでした。

それだけでも良くないのですが、さらに駄目だったのが、新しい仕事が決まらないこと、思い通りにいかないことを、誰かのせい、環境のせいにしてしまっていたということです。

自分の信念を貫くほどに、やらせていただける仕事の量は確実に減っていきました。

その時に、1本でもいいから勉強のために映画を観る、芝居でどこがダメだったかを聞きに行くなど、もしそんな努力ができていたら良かったですね。

でも当時は、「この現場が私に合っていなかっただけ」「自分の良さに気づいてくれる人に、まだ出会えていないだけ」と考えてしまっていたんです。

そして、外面を気にする自分を変えられずにいました。

今こうして考えると、努力の方向はいつだって、自分に向けておくべきです。

他人のことはコントロールできないし、他人からどう見られるかなんて、自分でどうにかできるはずもありませんからね。

上京しても何も変わらなかった

環境を変えれば、人生が変わると思っている

それからというもの、完全に仕事がなくなることはなくとも、目に見えて仕事はさらに減っていきました。

「過去の栄光にすがってはいけない」とはまさにこのことで、いくら有名になったとしても、写真集が売れても、その栄光はどんどん過去のものになってしまうし、仕事を断ったりもしていたので、数が減っていくのは当然のことです。

だけど、現状をなんとかしたかった当時の私は、こんなことを考えました。

「上京すれば、何かが変わるかもしれない！」と。

当時の芸能界は、とにかく東京に仕事が集中していたので、地方に住んでいてもできる仕事はほとんどなく、本気で売れたいと思えば、上京するというのが業界の常識でした。

デビューしてから拠点を大阪に置き、東京に通いながら仕事をしていた私。いま仕事がないのは大阪にいるからで、東京に出れば状況は好転するはずだと、思い込んでしまったのでした。

今なら、頑張るべきはそこじゃないよと心から思います。だけど、藁《わら》にもすがる思いで東京進出を目指した私は、東京の大学を受験し、合格通知を持って、東京に進出させてほしいと事務所にお願いをしに行ったのでした。

これでやっと、東京に行ける。仕事ができる。

そう思ったのもつかの間。

当たり前ですが、東京の大学に進学しても、東京所属になっても、仕事の状況が好転することはありませんでした。むしろ、悪化するばかりでしたね。

環境の変化だけでは、人は決して変わらない。

そう身をもって体感したのでした。

今振り返れば、当時変えるべきだったのは、環境の変化ではなく、頑なに凝り固まってしまった自分自身の「考え方」と、人の言葉を聞き入れられないほど荒んだ「心」でした。

気づけば何も持っていなかった

自分の武器は、自分の中に作っていくもの

ありがたいことに、ドラマへの出演など、やりたいと思っていた女優の仕事をする機会はデビュー当時にもありました。

ですが、思考や行動を変えることはできないままだった私は、うまく次につなげられず、状況を好転できぬまま、大学3年生になった頃に大きな出来事が起こります。

それが、同級生たちの就活です。これが私にとって、とても大きな意味を持っていたんです。

15歳から仕事をしていた私は、「若い頃から仕事をしていてすごいね」「学業との両

立なんてすごいね」と、たくさんの声をかけてもらっていました。

学生と女優の二足の草鞋を履いていること、若くして仕事をしていることは、自分が誇れる武器だったんです。

でも当たり前ですが、時期がくれば大学を卒業し、周りも働き始めます。そんな武器は時が経てば消えてなくなってしまうものです。

私は誇れる武器もないまま、うまくいかない状況をなんとかすることもできないまま、大学卒業の時期を迎えます。

そして、２０１２年3月31日。

気づけば私は、すべてを失っていたのでした。

今思えば、自分が世の中に対して誇れる武器は、自分の中にこそあるべきもの、自分自身でコントロールできるものでなければいけなかったんですね。

当時は若さや人気、自分の置かれた環境、周りの人の気持ちなどを自分の武器だと考えていたのだと思います。

だけど本当は、私の場合なら芝居の上手さなど、努力を積み重ねた自分の実力として培ってきた「普遍的なもの」を、武器にしなければいけなかったんですよね。

時が経てば変わってしまうものは、あなたの武器ではないのですから。


さらにもう1つ。

未来というのは、たった1つの結果だけで作れるものではありません。

昔の私は、目の前に立ちはだかる大きな出来事、たった1つの結果だけで、すべてを判断しようとしていたのかもしれません。

でも人がいて、人の心があって、さらには今と結果が積み重なって、はじめて未来は作られていくものです。

自分一人だけでも、今の結果だけでもダメですね。

いかがだったでしょうか。

私の経験を振り返ることで見えてきた、自分自身の弱さと思考・行動の悪かったポイントについてお伝えしました。

お読みいただいたあなたの経験と照らし合わせながら、自分と向き合うきっかけにできたのなら嬉しく思います。

第 2 章

自分を
変えるきっかけを
見出す

泥臭く始めてみる

「とにかくやってみる」は真理だった

ここからは逆に、私が実際に「自分を変える」ために必要だった思考や行動について、エピソードを交えながらお話ししていきます。

そもそも、どこから私の変化が始まっていたのだろう？　と、変化の原点を考えてみました。するとやはり、大手芸能事務所から独立をして、フリーランスになったことがすべての始まりだったと思います。

２０１２年４月１日、想定外ではありながら、私はフリーランスとして活動を始めていました。

でも今思えば、これこそが大事なことだったんです。

泥臭くてもいいから、かっこよくなくてもいいから、まず始めてみる。
先の見通しがなかったとしても、進んでみる。

これが、変化の原点でした。

「どこか事務所に入らなければ、芸能界ではやっていけないよ」
「芸能界でフリーランスなんて、できるわけないじゃん（笑）」

「フリーランスで活動します」と関係者に報告すると、返ってくるのはこういった言葉ばかりでした。何度笑われたことか、数えればキリがありません。

事務所に所属していない芸能人に任せてもらえる仕事は本当に少なく、「テレビ局や制作会社に売り込む」という方法も、個人ではできませんでしたからね。

何より前例がなかったので、努力する方向さえもわからない状態でした。仕事も、人脈も、営業方法もない。明るい未来すら描けない。

そんな状態からのスタートの中で、私ができるのは、とにかくがむしゃらに動くことだけだったのです。

最初にしたことは、自分でプロフィールを作って印刷し、100均で買ってきたクリアファイルに入れて毎日持ち歩き、少しでもタイミングを見つけてはプロフィールを配りまくるという、泥臭い営業でした。

当時、歌もやりたかった私は、楽器もできないのにいろんな人を巻き込み、自分の曲を作り、自主でCDを作成。さらに、自主ライブも企画して、手売りやライブ配信などを行い、地道にチケットとCDを販売していました。

今振り返れば、無茶で無邪気すぎる行動ばかりでした。もっとうまいやり方も、よく考えればきっとあったはずです。

だけど、がむしゃらに動くことで得たものも、ステキな未来につながる出会いもありました。

自主制作をしたCDを持って、ラジオ出演のための打ち合わせに行った時、「今やっている事業のテーマソングがほしいんだよね〜」と、出演者の方がおっしゃったんです。だから私は、収録の日にテーマソングを作って持っていきました。

それが後に、ストリートラグビーの公式テーマソングになり、さらには日本コロムビアさんからのメジャーデビューも叶ったんです。

独立するという大きな変化を、自分の頭で考え、決断できたわけではありません。「とにかくやってみる」を、自分の力で決断・実行できたわけでもありません。

だけど、自分が動けば、何かが起こる、何かが変わる。

私はそのことを身をもって経験し、「とにかくやってみる」良さを知ってしまったので、これからは自分で決断できるようになりたい。そんなことを思っています。

できることを優先する

時には自分の信念よりも選ぶべき大切なことがある

ある日、堀江貴文さんからこんなことを言っていただきました。

「YouTubeで番組やるから、アシスタントしなよ」

その一言で私は、「ホリエモンチャンネル」のMCに就任したのでした。
独立から1年半後くらいだったでしょうか。これが私とMCとの出会いです。
それから約10年にわたってMCを務めさせていただきました。

ＭＣという仕事をやりたかったかと言われれば、正直、当時は全くそうではありませんでした。なぜなら、女優で大成するという夢を諦めきれなかったからです。たとえフリーランスだとしても、あくまでも本業は女優で、ＭＣは生きていくための手段と、自分の中で割り切っていたのかもしれません。

それでもとにかく、仕事をいただけることがありがたかったのです。

やりたいことができるのなら、その方が人生は楽しいでしょうし、自分の気持ちも満たされるでしょう。でも悲しいかな、やりたいことを常にできるかどうかと言われれば、人生そうではないことの方が多いのも事実。

そしてもっと悲しいのは、やりたいと思っていることが、実は自分には向いてないかもしれないということです。

私も女優になれない、女優に向いてないなんて考えたくはありませんでしたが、今の仕事はＭＣの方に比重があるのも事実なのです。

自分の夢を持つことは大事。

そしてその夢に向かって、ありとあらゆる努力をするのも大事。

諦めない信念や、胆力も大事。だけど、時には

今できることを優先するのも必要な選択です。

とはいえ、「できる」を優先するのはすごく勇気が必要なことです。

なぜなら「できる」を優先すれば、「やりたい」を諦めることと、時にイコールになるからです。

だけど、誰かが自分の才能を判断して仕事を振ってくれているのだとすれば、「できる」ことは、きっと自分に向いていることなのです。

自分の才能をフルに活用しようと思えば、「できる」ことを選んだ方がいいと、今

の私はそう思っているんです。

私たちは、自分がどんな人間かを考える際、自分だけではどうしても「こんな人間になりたい」という憧れが邪魔をしたり、理想を追い求めるあまり、本来必要なプロセスから目を背けたりしてしまうものだと思います。

だけど本当は、「あなたはこんな人だ」という誰かの言葉を信じる方が、本当の自分を見つけることができるんです。

もちろん適性がどうであれ、自分の理想を追いかける幸せもあるので、一概に否定したいわけではありません。

ただ、自分の居場所を見つけるという意味では、「できる」を選択するのは理にかなっていると思っています。

人の言葉を信じる

自分の意思だけで突き進むことが正解ではない

今思えば環境の変化を選択するタイミングで、自分の決断に人からの言葉を反映させることも、すごく大事だったと気づかされました。

私はこれまでの人生でも、たくさんの環境の変化を選んできました。そして、それらはすべて、自分の意思によるものばかりでした。

だけど、「ホリエモンチャンネル」のＭＣ就任は、自分の意思だけではなく、人から与えていただいたものでした。

MCとの出会いは、私の人生に希望の光をくれました。ですが、始めた当初は、

「YouTubeに出てるんだ。お前も落ちぶれたな」

こんな言われ方をすることもたくさんありました。

実際に、YouTubeはあくまで「テレビに出れない人が活動する場」と考えられていました。

私もそんな見られ方をしていることには気づいていました。

悔しかったです。悔しかったけど、それでもここでの出演を自分のためのブランドにしなければいけないと思っていました。

そんな状況でも「ホリエモンチャンネル」のMCを続ける決断をなぜできたのか。

それは、**堀江さんの言葉を信じることができたからです。**

「いつか、YouTubeが大成する時代が来る」「個人の時代が来る」

当時から堀江さんは、そんなことを世の中に発信し続けていたんです。そんな声を、一番近くで、一番多く聞いていたのは私だけではないかと思います。

そして、そんな夢のような時代が来るとしたら。

フリーランスで生きる覚悟を決めた私にとっては、堀江さんが言葉にする未来を、少しでも信じたくなったのです。


特に大きな決断、人生の行き先を決める決断ほど、自分の意思や願望を優先させてしまいがちですが、そんな時ほど注意が必要なんですよね。

一度立ち止まって、信頼できる人の言葉に耳を傾けてみること。そして信じてみることも大事だと気づいたんです。

環境の変化が教えてくれること

環境を変えただけでは、人は決して変わらない

「はじめに」でもお伝えしましたが、「環境を変えれば、人生が変わる」と言われることは多いと思います。

女優業をやりたくても、まずはMCの仕事をするということ。
YouTube番組に出演すること。

大したことに聞こえないかもしれませんが、当時の私にとってはとても大きな環境

の変化の連続でした。

「これだけ大きく環境を変化させたのだから、これで私の人生はきっと良くなっていく」。ＭＣに就任した当初、そんな淡い期待を抱いていた気がします。

でもそんな期待は、淡いままでした。

環境の変化だけでは、自分も人生も、何も変わらない。

これまでの経験からうすうす感づいてはいたけれど、これだけ何回も環境を変化させても自分が変わらないのなら、その真実を認めざるを得ませんでした。

当時、私にとっては大きな環境の変化を決断したからこそ、「人生が好転しなければ困る」くらいの期待と欲望を込めてしまっていたのです。

だけど、「環境を変える」「仕事を変える」だけでは、私自身何も変わらなかったし、人生も好転しませんでした。

そんな経験を経て、今の私は、この教訓に対して少し違う解釈をしているんです。

それは、

環境の変化は、本当の自分を教えてくれる

ということです。

昔は環境というものを、単なる物理的な場所のように感じていました。

でも本当は、その環境を作り上げた人たちがいて、その中で日々生きている人たちがいて、いろんな人が関わり支え合いながら、やっと成り立っているんですよね。

だから今では、「環境＝人」と捉えるくらいに、体温を帯びたものとして感じられているのです。


環境が変わるというのは、関わる人が変わるということです。

新しい場所に行くと、そこで生きている人たち、今まで関わってきた人とは違う人たちの意思を汲み取り、共存していく方法を新たに見つけていく必要があります。

すると、今までにない視点からものごとを見ることになるので、視野が広がって、伸ばすべき才能や、自分に足りていない部分に気づけるんですよね。

つまり、環境の変化というのは、自分と向き合うために必要な新たな武器、視点を授けてくれるもの。これこそが「環境の変化」の本質ではないでしょうか。

環境の変化によって知る自分の本質と、どう向き合い、どう高めていけるか。

これを本気で考え、本気で乗り越えようとした人が、自分自身を、そして人生を変えることができるようになります。

結局、自分の意思・思考・行動を変えることでしか、自分は変えられないのですね。

耳の痛い意見も一旦受け止める

自信がある時ほど、人からのアドバイスを正面から受け止める

「ホリエモンチャンネル」のＭＣに就任して数年、私の元に届くアンチコメントが止むことはありませんでした。それが本当に辛くて、それこそ堀江さんやアンチコメント向けられているであろう人に相談もしました。そのたびに、

「アンチコメントなんて、無視すればいいよ」

「読んだら負けだよ」

といった励ましの言葉をたくさんいただきました。

これらの言葉は、当時の私にとって非常に都合の良いものでした。

相手の励ましの言葉を信じることで、できない自分から目を背けられたからです。

だけど、月日が経つごとに、これではダメだと思うようにもなっていきます。

当然ですが、自分の足りないところと向き合わなければ、いつまで経っても成長はできません。人からのアドバイスを聞かなくていいのは、自分ととことん向き合った人だけなんです。

だから私は、アンチコメントと向き合う覚悟を決めました。

するとそこには、使われている言葉や表現はキツいものの、私の弱点について本質を捉えた言葉がたくさん書かれていることに気がつきます。

そこから私は、試行錯誤を重ねました。

その途中で、ＭＣスキルとして足りない部分ももちろんたくさん見つけましたが、合わせて痛感していたのは、「自分の無知さ」でした。

どの現場でMCをしても、聞くこと、見ることは知らないものばかりだったんです。

私は専門家ではないので、専門分野について知らないのは当たり前かもしれません。

ですが、社会問題や時事問題、社会の常識に至っても、自分は本当に知らないことばかりだったのかと突きつけられる日々でした。


「私って、こんなに無知なんだ……」


その事実を突きつけられるのは、とても心が痛むものでした。

でも、それこそが私の本質だったんです。

正確なタイミングは覚えていませんが、私はアンチコメントをきっかけに、自分の無知を受け入れた上で「ホリエモンチャンネル」に出演するようになりました。

すると、みるみるうちにコメントの内容が変わっていったんです。

「堀江さんと視聴者の架け橋になってくれて嬉しい」
「聞きたいことを聞いてくれて助かる」
「寺田さんが掘り下げてくれるから、わかりやすい」

環境を変え、関わる人を変え、自分を違う角度から見ることで、自分の本質と向き合う覚悟ができた。

さらに、自分の本質を受け入れることで、変化のきっかけを手に入れたのです。
「無知」で「無能」が、私の「才能」になった瞬間でした。

耳の痛い意見は、できるのなら聞き流したいものだと思います。
聞き流した上で、そんなことを言ってくる人なんて無視すればいいと、悪者にしてしまいたくなる時だってあるかもしれません。

もちろん、本当に自分が壊れてしまいそうな時はそれでもいいと思います。

でも、変化を求めるなら、変化の種はきっと、耳の痛い意見の先にあるんです。

一度は相手の言葉を受け止められる、そんな心を持ちたいものです。

でもツラいのはツラいので、やけ酒はしてもいいものとしています(笑)。二日酔いが落ち着いてから、ちょっとずつ、向き合っていけばいいですよね。

実力不足と徹底的に向き合う

自分の弱さに気づくことが、自分を変えるきっかけになる

環境の変化は、本当の自分のことを教えてくれるもの。


ＭＣを始めて少し経った頃から、このことに気づき始めていきます。

そこから、自分の至らない点や悪い部分など、自分自身の本質と向き合い、改善すべきことに少しずつ目を向けられるようになりました。

それでも、怖かったんです。できない自分と、正面から向き合うことが。

だけど、いち社会人として、大事なのは結果です。

誰がどんな努力をしてきたかなんて、プロの世界では通用しません。


自分を守るために、ギリギリまで気づかないふりをしていたけど、自分の実力不足と徹底的に向き合わなければいけないタイミングが、私にもやってきたのでした。

そこから私は、自分が出演している動画をたくさん見るようにしました。

現状の自分と真っ向から向き合ったという感じでしょうか。


これからお話しする「話し方」においてもそうですが、「やっているつもり」をなくすということが、実力をアップさせる上で、とても重要だと思っています。

お芝居をしてきたからこそ強く思うのですが、「やっているつもり」になってしまっていることって、とても多いんですよね。言葉のチョイス然り、表現然り。

自分がやったことと、相手に見えている景色が同じことなんて、ほとんどありません。だから私は、自分の動画を自分で見て、徹底的に「つもり」をなくせないかと考えたのです。

余談ですが、自分の動画を自分で見ることは、「話し方」を改善する際には特にオススメです。

なかなか自分が映っている動画を用意することって難しいとは思うのですが、少しでも機会があればぜひ、動画を撮って、見てみてください。時には、想像してた自分との差に、愕然とするかもしれませんが（笑）

私が向き合うべき実力不足は「話し方」だったということもあり、自分の出演動画をなるべくたくさん見て、自分の話し方を研究しました。そして、できていないこと、ダメだったなと思うことを次からはやらないように、次の現場での宿題にしました。

やったことはとてもシンプルでした。

本当の自分と向き合うのは、とても大変なことだし、目を背けたままでもなんとなくやり過ごして生きていくこともできます。それでも、

本当の自分と向き合い、成長を重ねてきた人

が強くなれる。これは自信を持って言えます。

今までたくさんの有名・著名な方にお会いし、お話を聞いてきましたが、自分自身、そしてビジネスでの欠点と徹底的に向き合い、それを改善しようと努力されている方ばかりだったと感じています。

自分と向き合うことは、筋肉痛のようにじわじわとした痛みを伴うものです。

そんな筋肉痛と向き合い、明るい未来を手にするか。

それとも、自分から目を背け、これからも満足できない人生を過ごすか。

私は筋肉痛を選んでいける人でありたいと、自分の経験を通して強くそう感じているのです。

時には大きく舵を切る

「自分には想像できないこと」を意識的に挑戦してみる

ＭＣの就任を決断できた大きな理由があります。

それは、こんな大船に乗るチャンスを自分では作れないと思ったことです。

最近の私は、少しずつではありますが、変化を楽しめるようになってきました。

だけど今でも、新しいチャレンジをする時は緊張して足がすくむし、失敗は怖いし、環境を変えなくてもいいのなら、その方がいいやん！　と思ってしまいます。

そう、私は基本的に超保守的人間なのです。

そんな保守的な人間にも、これは巻き込まれるべき嵐だと感じるタイミングが起こり得るものです。

いくら怖くても「えいや！」と舵を切る。

時に人生は、嵐に巻き込まれた方がうまくいくこともあるんですよね。

変化を恐れている人からすれば、舵を切った後の世界を想像すると、怖くてしょうがないはずです。嵐に飛び込んだら何が起こるか、自分がどうなってしまうのか、全くわからないですからね。

だから足がすくむし、色々と頭で考えてしまっては理屈をこねて、挑戦から離脱してしまうことだってあるはずです。その気持ちも痛いほどわかります。

だけど、怖い方向に進むことでしか見ることのできない世界には、自分だけでは見えないものすごい価値があることも、今は知っているんです。

自分の人生に「人」を介在させる

どんな人も、自分一人だけで人生を歩むことはできない

「環境」の捉え方が変わったことで、自分自身の思考や行動、はたまた目標や人生設計にも、大きな変化が生まれていきました。

なかでも一番大きな変化は、あらゆるものに「人」が介在するようになったことです。

女優としての実力をつける前に、成功体験を積み重ねてしまったこと。
実力で勝ち取ったはずの役を、大人の事情によって剥奪されたこと。
事務所から独立をして、フリーランスになったこと。

これらの経験から、自分の意思を信じ、突き進むことが正義だと考えてしまい、どこか自分だけの力で生きているような感覚があったんです。

でも、当たり前ですが、人は1人では生きていけません。人と共存できなければ、私たちはうまく生きてはいけません。

昔の私は、自分以外が見えないまま、自らを過信しすぎてしまっていたんです。そこに大人の言葉を信じられなくなった経験も相まって、思考や行動、はたまた目標や人生設計も独りよがりのまま、私は余計に人の言葉を受け入れられなくなっていたのでしょう。

まさにアンチコメントと真剣に向き合っている時、周りにいてくれる人、ともに歩んでくれる人の大切さを痛感しました。

真剣にアンチコメントと向き合う決意をして、そう思えたのです。

こんなにできないことばかりな私にも、仕事を与えてくださっていたんだ。

そんな恵まれた、ありがたい状況だったことを痛感した時、私は自分の情けなさを痛感したのです。


自分を信じ、突き通せるほどの強い自信や意思を持てるのは素晴らしいことです。

でも、それと人の言葉を受け入れることは、違う次元で考えていくべきなんです。

人の言葉を受け入れながら、自分で考え、行動する。

ここで補足したいのは、私は決して、人のすべての言葉を鵜呑みにした方がいいと言いたいわけではありません。

でも、自分の人生に「人」を介在させることで、私は格段に生きやすくなったのも事実なんです。

自信を持つのは大事。意思を持つのも大事。
でも、独りよがりになってしまってはいけないですね。

人に頼ることへの責任

人に頼る際は、「人の時間を奪っている」意識も忘れずに

自分の人生に「人」を介在させると、人との向き合い方にも変化が出てきました。
人に頼ることへの責任を、大きく感じるようになってきたのです。

事務所に所属していた頃、それはもう、大切にしていただいていたと思います。
だからこそ、心のどこかで、誰かに何かをやってもらえることが、当たり前になりすぎていたんです。

誰かが自分のために何かをやってくれることに対して、自分は感謝を伝えていたつもりでも、前提として、誰かが自分のために何かをやってくれるのは当然のことではありません。

もしかすると、その人にとって「やらなくてもいいことかもしれない」という視点が、私の頭の中から抜け落ちていたのかもしれません。

フリーランスとして活動していくほどに、人が自分に対して何かをしてくれることが、当たり前ではないと知っていきます。

何かをやってくれることが当たり前ではないと理解した上で、それでも何かをやってもらいながら、私たちは生きています。

もちろん、人に頼るということは、悪いことではありません。

だからこそ、私なりに心がけていることがあります。それは、

「人に頼る」ということは「人の時間を奪う」こと

とイコールだと頭に入れておくことです。

少し話がそれてしまいますが、子育てはこれの最たるものですよね。

小さい頃は、親がご飯を作ってくれること、迎えに来てくれること、朝起こしてくれること、そのすべてを当たり前に感じてしまいがちです。

だけど大人になれば、自分でご飯を作って、自分で移動して、掃除も洗濯も、全部自分でやるようになっていきます。

そしてこんなにも、自分に対して膨大な時間が費やされていたんだなと、親が担ってくれていた仕事の多さと重大さに、遅ればせながら気づくんですよね。

誰にとっても、時間は有限です。

そんな限りある時間を、自分のために使ってくれているということを常に自覚しながら、人と共存し、頼っていくべきですよね。そして、「人に頼ることは、人の時間を奪うこと」という認識があれば、素直に人に感謝できるようになれると思います。

人によっては、「人に頼ること」を恥ずかしいもの、カッコ悪いものだと思っているかもしれません。でも、どんな人でもできないことがあってもいいんです。

というか、できないことがあって当たり前なのです。

今までたくさんの大物と呼ばれる方々と仕事をさせていただきましたが、なんでもこなせる完璧な人なんて、私は1人も見たことはありません。

自分と向き合う覚悟

自分のことを知れば、やるべきことは至ってシンプルになる

どれだけ環境を変化させても、人生が好転していかないと気づいたのは先にも述べましたが、自分自身の中身に関しても、変化を感じていたかと言われれば、答えは「NO」だったんですよね。

新しい環境で生きていくのも自分で、さらに先の未来を生きるのも自分。

どれだけ外的な要因を変えたって、自分自身が変わらなければ、やはり人生は好転していかないのです。

でも、それらを許容する覚悟を持っていなければ、話は別です。

昔の私で考えると、環境を変化させる勇気だけはあるけれど、自分と向き合う覚悟を決めないまま、周りのせいにばかりしてきました。

だから、いくら環境を変えても、関わる人が変わっても、言葉を受け止めることができず、自分を変えるまでにはつながらなかったのです。環境の変化以上に、本当の自分と向き合うこと、できない自分と向き合うことは痛いですからね。

人は、自分と向き合う覚悟が持てた時に、

はじめて自分が変化をしていくループの中に入れる

のではないでしょうか。

自分自身と向き合う覚悟ができると、言葉の受け取り方が変わる。

言葉の受け取り方が変わると、思考が変わる。

思考が変わると、行動が変わる。

行動が変わると、自分を変える勇気が湧いてくる。

自分を変える勇気が湧いてくると、自分を変えられる。


このループに入れたら、あとはシンプルです。

私が考えていることはたった1つ、「昨日の自分を超える」ことです。

これだけを意識して、日々を過ごしています。


過去をやり直せるなら、私も喜んでやり直したいです。

だけど、そんなことは絶対に叶いません。誰かの意思や行動をコントロールすることもまた、絶対に叶いません。

だとすれば、未来の自分のためにできることは、今目の前にあることを、頑張ることだけですよね。

昨日できなかったことを、今日はできるようにしよう。
昨日嫌だったことを、今日はやらないようにしよう。

心がけたいこと、持ち合わせておきたい思考はたくさんありますが、難しいことは考えず、やるべきことはいつだってシンプルなのかもしれません。

第 3 章

話し方を変える準備（マインドセット編）

「話し方」を変えることが必要だったワケ

ここまでは、私の人生における変化の変遷を振り返り、そこから得た教訓についてお話をしてきました。「自分を変わる」ために、いかに行動し、いかに考えるべきだったのかが伝わっていれば嬉しく思います。

ここからは実際に、私に変化のきっかけをくれた「話し方」についてお伝えしていきます。まず第3章では、実際に「話し方」の技術を磨く前に、私が大事にしている考え方、マインドセットについてお話しします。

これまでの私の人生は、自分の信念を貫くことが正義だと思っていたので、独りよがりで、閉鎖的なものでした。

それがたくさんの挑戦と失敗を経て、「環境＝人」と思えるほどに、自分の置かれた環境に、人の体温を感じるようになっていきました。

自分を変えたいと思った時、行動、挑戦、失敗、そして環境の変化を選択することからは、結局のところ逃げることはできません。だとすれば、いかに新しい環境を自分のものにできる力を持てているかどうかが重要になります。

私の中では、その力こそが「話し方」だったんです。

昔は、コミュニケーションへの苦手意識が先行してしまい、新しい人との関わりが怖いこともあってか、環境の変化に怯《おび》えてしまっていました。

その結果、環境の変化を1つひとつ決断することを重く捉えてしまい、変化に対して過度な結果を期待してしまっていたんだと思います。

でも、「話し方」に少し自信が持てるようになった今では、環境の変化が少し怖くなくなったんです。どれだけ環境が変わっても、関わる人が変わっても、いいコミュニケーションを経て、自分でなんとかできるかもしれないという自信になったから。

するとと、挑戦や変化の数を増やせるようになれたんです。

「話し方」は大事だとは誰もが感じていることだと思うけど、自分の力でいつでも、どこでもいい会話ができる自信を持てるのは、とても重要なことなんです。

まずは、私が考える「いい話し方」から成り立つ「いいコミュニケーション」「いい会話」とは何かについて定義していくことから始めていきます。

これは自分のために身につけてきた方法論なので、そっくりそのまま、お使いいただくことはできないものもあるかも知れません。ぜひご自身に置き換えながら、自分なりの話し方を見つけるきっかけとしていただけたら幸いです。

いいコミュニケーションとは

具体的には、次の４つの条件のうち、できればすべて、少なくとも１つ以上は必ず達成されていることが必要だと思っています。

①自分の聞きたいことが、ちゃんと聞ける
②場の雰囲気を良くできる
③相手との良い関係が築ける
④想像の先へ行ける

私が自分を変えることができたのは、これらの４つを実感できるようになったからなんです。そのため本書では、この4つを手に入れることが「いい話し方」「いいコミュニケーション」へつながると定義させていただきますね。

1つ目の定義から、順を追って説明します。

「自分の聞きたいことが、ちゃんと聞ける」というのは、会話において大前提と言ってもいいほど重要なことです。

しかし、そうだとわかっていながら、昔の私はうまくできていなかったんです。

例えば、自分が聞きたいと思っている意図とは全く違う回答相手から返ってきてしまったり、相手の深い話を聞き出すことができなかったり……。

日常生活や、仕事の場でも、「想定していたことを聞けなかった」というのはよくあるシーンだと思います。

ただ、そんな会話が続いてしまえば、自分ももどかしさを感じて、せっかくの相手との時間を無駄にしてしまった、という申し訳ない気持ちになってしまいます。

そして何より、会話自体が楽しくなくなってしまうでしょう。

この「聞きたいことが、ちゃんと聞けない」というのは、会話に対する苦手意識の根源的な悩みではないでしょうか。


2つ目は「場の雰囲気を良くできる」ことです。

その場の雰囲気の良し悪しによって、相手が話してくれる内容の濃さに違いが出てしまうことを、私はこれまで何度も経験してきました。

もちろん、場の雰囲気はその時々で差が出てしまうのは仕方がないですが、せっかく会話をするなら、いつだって濃く面白い話を聞きたいじゃないですか。

そのために大事なのが、相手が話しやすくなる雰囲気づくりです。


雰囲気の良し悪しによって、その場で繰り広げられる会話の質や話の内容、濃さ、面白さなど、あらゆるポイントに大きな差が生まれます。

もう少し詳しく説明すると、雰囲気が良い場には次のような条件が揃っています。

・笑顔が多い
・緊張感を感じている人が少ない
・萎縮している人がいない

一方で、雰囲気が悪い場には、その逆の条件が見られます。

・こわばった表情の人が多い
・場に緊張感が走っている
・萎縮している人がいる

「雰囲気が良い場」では、自分の考えを臆することなく発したり、内容が詰まった意見が飛び交ったりするようになります。

それによって、たくさんのかけ合いが生まれ、会話がどんどん深いものへ進化していきます。

一方で「雰囲気が悪い場」には、自分の意見を言えない、発言してはいけないような空気が充満しています。

その結果、当たり障りのない発言をする人が増え、誰もが人の表情を伺うようになり、いいコミュニケーションが生まれづらくなってしまうのです。

3つ目は「相手との良い関係が築ける」です。

仕事の場においては、取引先と仲良くなる、心の底から分かり合えるようなことは必要ないのかもしれません。それでも信頼し合いながら話せるということは、チームワークの発揮が仕事の成果につながる以上は必要ですよね。

相手の話をたくさん聞くことで信頼され、こちらの言葉を相手にしっかり受け止めてもらえることで信頼できる関係づくりは、とても大事です。

この人なら話を聞いてくれる。
この人になら大事なことを話すことができる。

お互いが信頼を勝ち取る根本には、コミュニケーションが鍵を握っているんです。

最後の「想像の先へ行ける」というのは、抽象的でわかりづらいですが、私の中ですごく大切にしていることです。

ありきたりな会話だけでは、関係性を深めるのは難しいからこそ、定型文で終わらせないような「話し方」ができるかどうかは重要になります。

さらにSNSがこれだけ普及する時代。初対面だとしても、事前に情報を仕入れることはより簡単になりました。

「それはあなたが、有名な人とばかり仕事をしているからでしょ?」と思われるかもしれませんが、決してそんなことはありません。

もちろん、情報量に違いはあると思いますが、誰もがＳＮＳを活用できる時代、ある程度の情報なら事前に仕入れることは可能です。


誰でも想像できること、誰でも知れることだけで会話を終わらせるのは、もったいないですよね。


誰もが知ることができる「回答の先」へ。

事前に調べれば想像できる、相手の「情報の先」へ。

相手のことを掘り下げ、簡単に想像できる内容の先へ行けないかを考えながら話をすることが、今の時代に大切なコミュニケーションだと考えています。

無駄なプレッシャーから逃げる

ここまで「自分を変える話し方」の前段として、「なぜ話し方を磨くのが大事なのか」「いいコミュニケーションの定義」についてお伝えしてきました。

ここからは、実際に話し方を磨く上で、私が大切にしている考え方をお伝えします。

まずは、「無駄なプレッシャーからは、できるだけ逃げてしまう」です。

無理に、高いハードルを飛ぼうとしない。
自分が飛べるハードルから、確実に飛んでいく。

逃げの姿勢を一番大事にしているってどうなんだ？　と自分でも思いつつ、この考え方は本当に大事にしているんです。

私は仕事柄、これまでたくさんの著名な方々、大物と言われる方々と仕事をさせていただきました。

その度に、その方がされている事業や発信力の大きさに感服し、意思の強さや決断力、行動の早さ、挑戦の回数など、生き方や考え方そのものに「すごいなあ」と心の底から圧倒されてばかりです。

そして、自分のできなさ、ふがいなさ、至らなさみたいなものもまた、たくさん感じるんですよね。

こうして、自分の至らなさを痛感した時、

とにかく焦って行動しようとしてしまうんですよね。

もちろん行動することはいいのですが、焦っている時ほど、自分もすごい人にならなきゃいけない、すごい場所に行かなければと思ってしまって、目に入ったハードルを飛ぼうとしてしまうんですよね。

でも、この咄嗟《とっさ》に目に入ったハードルって、現状の自分では到底飛ぶことができない、それはもう、とてつもなく高いハードルだったりするわけです。

そのハードルを結局飛べずに、落ち込んで、自分はダメなんじゃないかと思ってしまって、そして最悪の場合は、挑戦すること自体が怖くなってしまったりして。これでは、元も子もないじゃないですか。「話し方」も同じです。

だから、咄嗟《とっさ》に目についた高いハードル、失敗する可能性が高いハードルは、飛ばないという選択をとる。

まずは自分に飛べるくらいのハードルを設定し、確実に飛び越えていく。

そして、小さくてもいいから、成功体験を重ねて、挑戦への恐怖心をそぎ落とす。

その方がよっぽど健全で、前向きなことだと思うんです。

何度も言いますが、私は会話やコミュニケーションに強い苦手意識があります。

それでも、「有希ちゃんの話し方だと伝わるね」「相手の話を引き出すのがうまい」と言われるのは、話すことへのハードルを下げ、高いコミュ力を持っている人たちを無理にマネせず、なるべく簡単な方法を考え、実践してきたからなんです。

いきなりすごいことをする必要はありません。

というか、ほとんどの人はすごいことをする必要はないのかもしれませんね。

まずは、今の自分でもできる方法を考えましょう。

POINT

無理してコミュニケーションのハードルを上げない。まずは、自分が飛べる高さから確実に飛び越えよう。

話す量は相手と自分が7：3

コミュニケーションに苦手意識がある人は共感してくれると思うのですが、様々な場面において、ついつい「うまく話さなきゃ」「いいことを言わなきゃ」と気負ってしまって、緊張感が増していくことってありませんか？

例えば大人数で話をする時に、自分の番が突然回ってくると、急に言葉が出ずにうまく喋れなくなることがあります。そんな自分を知っているから、大人数で話すことへの苦手意識をなくせず、どんどんコミュニケーションを取らなくなってしまいます。

この気負うことで生まれる負のループは、いいことではないと頭ではわかっていいながら、なかなか抜け出すことが難しいんですよね。

「うまく話さなきゃ」「いいことを言わなきゃ」という気負いの負のループから抜け出せる方法ないかと私なりに考え、ハードルを下げる方法を考えた結果、

「そうか、相手に話してもらえばいいんだ！」

こんな結論にたどり着きました。自分から話すことが苦手で緊張してしまうのであれば、相手に話してもらえばいいんです。

そう考えてから、私は話す量は「相手：自分＝7：3」を目指すようになりました。

これは、ＭＣという仕事に出会ったからこそたどり着けた結論です。

昔は特に、コミュニケーションを難しく考えてしまっていた気がします。

出会う方々がすごい人に見えてしまうほど焦りが生まれ、自分には飛べないほど高いハードルを飛ぼうとしてしまっていたのと同じように、ＭＣをやればやるほど、会話が上手な人がどんどんすごく見えてきて、うまく話さなければいけないという使命感に駆られていきました。

でも、なんだか疲れてしまったんですよね。

疲れた結果、ある時を境に、うまく話そうとすることをやめました。

するとその瞬間、一気に肩の荷が降りて、気軽に話せるようになったんですよね。

ＭＣという職業は、決められた流れをいかにうまく進行していくかだけでなく、いろんな人に話を聞く仕事でもあります。その場にいる方々にうまく話を振り、いかにいい話をしてもらうかが腕の見せ所です。

つまり、自分がうまく喋ることが、仕事ではなく、人にうまく喋ってもらうことが私の仕事だったんです。

そして思いました。「この方法なら、普段の私にもできるかもしれない」と。

会話は「言葉のキャッチボール」と言われるように、相手にボールを渡して話してもらおうと工夫することもまた、立派な会話の技術の1つです。

昔は「いいことを言わなきゃ」「たくさん話さなければ」と必死でしたが、実はそれってあまり意味がありませんでした。むしろ話がぼやけてしまったり、長くなったりして、相手にフラストレーションを与えてしまうんですよね。

だから今は、自分が頑張って話すのではなく、いかに相手に気持ちよく話してもらえるか、いかに相手が話しやすい空気を作れるか。そこに命をかけています。

常に鋭く正確なボールを投げられる技術は素晴らしいし、会得できるに越したことはありませんが、ボールがどこにいくかわからなくても、相手の手前に落ちてしまっても、ワンバンしてしまってもいい。下手なことを時には笑い合いながら、楽しくキャッチボールをする。

まずはこの感覚が、大事ではないでしょうか。

自分の話す量を調節することで、思いのほか良い話を聞ける可能性も、関係値が深まる可能性もグッと上がりますよ。

POINT

自分から無理して話そうとしなくていい。
相手に話してもらうことも、立派なことだから。

自分の言葉は、基本的に「伝わらない」

ＭＣの仕事をしている私がこんなことを言うのはおかしいですが、基本的に人には自分が伝えたいことは「伝わらない」ものだと、半ば諦めて話すようにしています。

そんなのダメじゃない？　と思われる方もいらっしゃるかもしれません。

でもこのモチベーションでいることは意外に大事だなって、長く伝えることと向き合ってきたからこそ思うのです。

ＭＣの仕事を通して、これまでたくさんの方と対峙してきました。

私たちが話している様子を見て、視聴者さんがいかに楽しんでくれるか。第三者目線や番組の面白さを強く意識しながら、その上で、会話相手と真剣に向き合ってきました。

そうして仕事と向き合う中で、「伝えなければいけない」という使命感や、「伝えたい」「伝わってほしい」という願望も、対峙する人の数と比例して強くなっていったんですよね。

「伝えたい」という思いが強くなることを、否定するつもりはありません。

この気持ちがなければ、会話に対する苦手意識を克服したい、うまく話せるようになりたいと真剣に考えなかったはずですし、何より自分を成長させようと頑張ることもなかったと思うからです。

でも、人間って卑しいもので、「伝えたい」思いが強くなればなるほど、伝わらなかった時のショックを感じている自分にも気づいてしまったんですよね。

さらには、「どうして伝わらないんだ！」と、受け取る側のせいにしてしまっている自分にも、気づいてしまったり。

でも、どれだけ伝えるための努力をしたかなんて、相手には関係ありません。

相手にボールを受け取ってもらえなかったのは、自分が大暴投をしてしまっていたのかもしれませんし、明後日の方向に投げてしまっていたのかもしれません。

だから私は、

「伝わるはずだ」と思うことを、諦めました。

受け取る側への期待をしなくなったことで、より自分にベクトルが向き、伝えるための努力や工夫ができるようになった気がします。

もちろん、会話やコミュニケーションにおいて「伝わる」ことが、最終的なゴールであることには変わりません。

しかし、ゴールに向かうための過程は、どんな道を通ってもいいはずです。そう考えると、自分の言葉はどうせ伝わらないと思っていた方が、気持ちがラクになれます。

受け取る側への期待を捨て、自分にできること、「伝わる」ための道筋を、精一杯探してみる。

こうして、伝える工夫に目を向けられれば、結果的に自分の実力アップも期待でき、相手に伝わる確率も上げることができるのです。

POINT

「伝わる」を諦めることで、

「伝える努力」ができるようになる。

誰もあなたを見ていない

会話に苦手意識のある方は、「人の目が気になる」ことも多いのではないでしょうか。

私も昔は、「嫌われたくない」「評価されたい」と思うあまり、人の目がどんどん気になって、失敗が怖くなってしまっていました。

でも、これまでたくさん人の前に立ち、仕事をする中で気づいたんです。

人は、あなたが思うほどあなたのことを見ていません。だから、失敗しても大丈夫なんです。

人の目が気になってしまうのは、大抵の場合、「うぬぼれ」に過ぎないということもあると思っています。

誰もが知るような著名な方なら、人の目が気になってしかるべきですが、ほとんどの人はあなたのことを知らないし、それほど気にも留めていません。

もちろん、私だって同じです。ＹｏｕＴｕｂｅ番組に出るようになり、再生回数が伸びるたび、世界中の人から見られているように思えました。

だけど、よく考えれば、何百万回再生されている動画でも、それを見た人の記憶に残っているものはそう多くはないはずなんです。

対面で会話をする際も、「相手は自分に注目しているだろう」「自分のことを気にしているだろう」と感じるかもしれませんが、決してそんなこともありません。

もちろん会話をしている時は、ある程度はあなたに注目し、気にかけていることでしょう。でもいざ会話が終わり、その場を離れると、その方にもやるべきことがあって、考えることがあるわけです。

自分への注目度は、自分が思っている数10分の1

くらいだと認識している方が、怖がらずに会話と向き合うことができるのではないでしょうか。

POINT

「人から見れば、自分はジャガイモに映っている」くらいの気持ちで、堂々としていよう。

見た目は勝手に話を始める

「話し方」や「コミュニケーション」について考える時、私たちはつい「言葉」や「伝え方の技術」に目を向けてしまいがちです。

それらももちろん大事ですが、私はその手前で意識したいことがあります。

それは「見た目」です。なぜなら、見た目は勝手に会話を始めるものだからです。

念のため前置きをしておくと、ここでいう「見た目」は顔の作りをはじめ、醸し出す雰囲気、目つきやたたずまいなど、相手に与えるあらゆる印象と定義しています。

当たり前なことを言いますが、人には必ず、見た目の特徴がありますよね。

この見た目は、あなたの意思や気持ち、性格、発する言葉とは関係なく、さらには自分の伝えたいことを時には置き去りにして、勝手に会話を始めるんです。


「怖い人だと思っていたけど、本当は優しいいんだね」

「おとなしそうに見えていたけど、実はそんなことないんだね」


こういったことを言われた経験がある人も少なくないでしょう。

これが私のいう、「見た目が勝手に話を始める」ということです。

相手は見た目から受けた印象によって、あなたの性格や人格、果てはこれまでの人生に至るまで、自身の経験則や知見をフルに活用しながら「この人はこういう分類の人間だろう」と、勝手に振り分けていくのです。

しかもこれによって振り分けられた分類って、想像以上に頑なものです。

強固なバイアスとして、その人の中に残り続けることが多いなと感じます。

きっと、「こういう見た目の人は、こういう性格だ」という法則を、いろんな人がそれぞれに持っているんでしょうね。

誰もがそれぞれの人生の中で、たくさんの人と出会い、修羅場をくぐりながら歩んできたわけですから、ある程度の法則が形成されることも納得ができます。

とはいえ、その印象が正しければいいのですが、間違っていた時は大変です。

一度相手が持ってしまった自分への印象の殻を打ち砕くためには、かなりの労力や時間が、必要になってくるわけです。だからこそ、

自分の見た目は、必ず相手に与える印象がある

とあらかじめ頭に入れ、相手に与える印象を理解した上で、会話やコミュニケーションをスタートさせることがとても重要だと思うのです。

例えば、つい怖く見られてしまう人は、優しい側面をアピールすべきでしょうし、

ふてぶてしく見られてしまう人は、いかにその場を楽しみにしていたかをアピールするなど、対処法はいろいろと考えることができるかと思います。

「自分の印象なんてわかってるよ」

という方もいらっしゃるとは思うのですが、多くの人と対峙してきたからこそ、この見た目の印象の重要性をすごく感じてきました。だから、あえてこの本の中にも書かせていただきました。

POINT

見た目は、自分の意思や気持ち、性格、発する言葉とは関係なく、相手に何かを伝えている。

人から受ける言葉は、自分の映し鏡

「クマができてるよ」と人から指摘されて鏡を見ると、初めて「あっ、ホントだ」と目の下のクマの存在を認識する。そんな経験をしたことはないでしょうか。

それと同じ感覚で、人から受ける言葉は、自分の現状を表してくれる「映し鏡」だと考えるようにしています。

言葉にするとキレイごとで理想論のように聞こえるかもしれません。ですが、私も身をもって体験した上で、肝に銘じようと思った機会があるんです。

昔、出演させていただいた映画のクライマックスに、大きな驚きと恐怖を表現しなくてはいけないシーンがありました。そのシーンの撮影をする時、私は全力で、驚きと恐怖を表現したつもりだったんです。

なのに、監督からは「もっと驚いて！　怖がって！」と、指導が止まることがなく、何度もテイクを重ねることになったんですよね。

指導を受けている時の私は、「めちゃくちゃ驚いているし、恐怖を感じているんだけどな……」って、正直、心で反発してしまっていました。

だけど、途中で映像を実際に見せてもらうと、監督のおっしゃる通りで、それはもう、全然驚いているようにも、恐怖を感じているようにも、見えなかったんですよね。


人から見えている景色って、正しいんだ。

人からの指摘は、正しいんだ。そう痛感したのでした。

これは「伝える」ことにおいても同じことが言えると思うんです。

相手が向けた感想や見解は、あくまで自分が伝えたものの結果としか言いようがありません。

自分の伝え方に何か問題があったから、自分の言葉選びに何か問題があったから、説明が足りなかったから、相手は「伝わらない」とサインを出しているのです。

その言葉を受け流さず、自分ごととして認識することが、いいコミュニケーションを取っていく上で重要なステップだと思っています。

「やったつもり」「伝えたつもり」で終わってしまっては、変化も成長も手にすることができないのですよね。

POINT

人」の目に見えているもの、
人に伝わった言葉だけが真実を表している。

言葉を断片的に捉えない

決められた流れの通りに進行することは、ＭＣとしての役割です。

でもそれ以上に、相手から言葉を引き出し、いい話をしてもらうことで、コンテンツをより面白くできないかと考えることも大事な仕事だと思っています。

もちろん、共演者さんは素晴らしい方々ばかりなので、私が何をしなくとも、魅力的な話をしてくださることばかりです。

でも、さらにもう一歩面白くできるかどうか、考えることはやめたくありません。共演者さんの魅力的な話を、もう一歩面白くすることができないか。もう一歩広げて有益なものにできないか。

そんな時に大切だと思うのは、「言葉を断片的に捉えない」ということです。

例えば、誰かに「ありがとう」と言われたとします。

普通に捉えれば、これは「感謝の言葉」です。

でも、その「ありがとう」に必ずしも感謝の気持ちが込められているかというと、そうとは限りません。皮肉や悲しみ、寂しさ、戸惑いなど、その「ありがとう」の裏に隠されている感情には様々なパターンがあります。

言葉の裏には、必ず「感情」が含まれている

はずなのです。

ここまで、自分を変えるために必要なのは、自分と真剣に向き合うことだとお伝えしました。

そして、自分と真剣に向き合うことで、人に対する向き合い方と、さらには言葉の受け取り方にも、変化が生まれていきました。

少し抽象的ですが、相手の言葉に「体温を感じられるようになった」という感覚が近いかもしれません。そして、「相手から発せられる言葉から、その人の人生を考えるようになった」と思っています。

この人はなぜ、その発言をしたのか。
その言葉の裏には、どんな背景があるのか。

このように、言葉の周りにある情報を、積極的に考え始めるようになったんです。

言葉を断片的に捉えると、その言葉自体が持つ意味に引っ張られてしまい、時には自分を消耗してしまうこともあるでしょう。

でも大事なのは、なぜその言葉を選び、発言したのか。その意図と想いにあります。

だからこそ、

相手の発言に想像力を働かせること

を意識してみることが必要なんです。

言葉を断片的に捉えず、相手の言葉に想像力を働かせ、積極的に相手のことを知ろうとすることで、会話は深みを増していきます。

POINT

言葉の裏にある背景や情報を想像できると、相手のことをもっと知りたくなる。

受け取り方は、相手次第

「会話は、言葉のキャッチボールである」と言われますが、これってすごくわかりやすい表現ですよね。

・言葉のボールを、相手に投げる。
・相手に、受け取ってもらう。
・そして相手に言葉のボールを投げてもらい、こちらが受け取る。

このキャッチボールをいかにうまく、スムーズに、効果的に行えるかどうかについて、私自身もこれまで真剣に考えてきました。

なかでも、ボールの受け取り方は「相手次第」ということだけは、特に忘れないように心がけています。

こちらが言葉のボールを投げ、手放した時点で、もうその言葉のボールは自分のものではありません。その言葉のボールを受け取ってもらえるか、どう受け取るかは、こちらがコントロールできるものではなく、相手次第でしかないわけです。

当たり前ですが、ボールを受け取る側も人生の中でいろんな壁にぶつかり、それをなんとか乗り越えながら、ここまで生きてきているはずです。

そうやって形成された人生や考えを、こちら側が簡単に操作するなんてできるわけがないんです。

しかも物理的なボールを投げ合うこと以上に、会話は難しいものです。

感情を持つ人間同士が、言葉や表現だけを使い、思考や経験など、それはもういろんなことをやりとりしなければいけないわけですから。

私は仕事柄、15歳から東京と大阪を行き来していたこともあり、これまで何回も新幹線に乗ってきました。

だから感覚的に、新幹線のことを特別な乗り物だと思うことはありません。

でも誰かにとっては、新幹線はあまり乗る機会のない、憧れで特別な乗り物かもしれませんよね。そう考えると、

「この間、新幹線に乗ってさ」

と言ったとして、私は生活の一コマを話し始めようとしたのに、極端な場合、相手には特別な旅行の話が始まると伝わってしまうこともあるかもしれません。

「この間、新幹線に乗ってさ」というボールを投げたなら、私にできるのはそこまでです。新幹線に対する印象の操作はできませんし、「生活の一コマのことを語りたい」

と、こちらの都合を相手に押し付けることもまた、やってはいけません。

受け取り方は相手次第と、頭に入れながら会話をする。
こちらの当たり前を押しつけない。

この前提で話を進めていくことで、「伝えたつもり」を少しずつでも減らしていけるのではないでしょうか。

POINT

一度言葉を発すれば、「こう伝わってほしい」と相手の印象を操作してはいけない。

明確な目標を1つ決める

私はいつからか、MCとして現場に行く時、「今日はこういうことを意識して話そう！」など、明確な目標を1つだけ必ず持っていくようにしています。

仕事以外で誰かと話す時にも、毎回というのはさすがにできていませんが、それでもできる限り、明確な目標を持ちながら話すようにしています。

こんな本を書いていながら、私は未だに自分の話がうまいとは思っていませんが、前よりも確実に自分の意思を伝えられるようになり、人に伝わる確率も上がり、相手の言葉もしっかり受け止めながら返答ができています。

そうは言っても、会話って難しいじゃないですか！

どんな風に話せば会話が成立するのか、人が変われればもちろんやり方も変わります。相手がどんなことを考えているか、どんなことを話したいかだって、当たり前ですが毎回変わるし、いつでも掴めるわけではありません。

さらには、たとえコミュニケーションがうまくいく方法を見つけたとしても、他の人に対して同じ方法論が通用しないことだってあるわけです。

会話は難しいからこそ、頭で考えず、感覚で話せた方がいいのかもしれません。だけど、うまくいくビジョンも、ある程度のルールも全くないまま、すべてが感覚というのも……それはそれで怖いじゃないですか。

とはいえ、反対にその方法論に縛られすぎてしまって、臨機応変に対応ができなくなるのも避けなければいけません。

会話は正解がないからこそ、ゴールもない。

ルールはほしいけど、縛られすぎてはいけない。

このような思考を経て、より良い会話をするためには、結局は日々考え続けること、日々進化していくことが大事だと思うようになったんです。

そのために毎回、明確な目標を持つようになりました。そして、1つずつできることを増やすしかないんです。

「今日は、説明を短くできるように意識しよう」
「質問を端的にしてみよう」
「相手の言葉に、もっと耳を傾けてみる意識をしよう」

どんな目標でも構いません。その日、その時に試してみたい明確な目標を1つ決めてみることです。それが、日々の小さな成功体験として積み重なっていくと、できることは格段に増えるし、自分に自信が持てるようになりますよ。

ちなみに、この原稿を書いている、直近の「B.R.channel」の収録の際に掲げた私の目標は、「説明をできるだけ短くする」でした。

POINT

「自分は会話ができる」という感覚は持ちにくい。まずは明確な目標を決めて、1つずつ達成しよう。

第 4 章

自分を変える話し方（話す技術・聞く技術編）

TALKING

表現力を身につける

第4章では、私なりの「話し方」をお伝えしていきます。

私は話す量は「相手：自分＝7：3」が大事だと考えているので、本章では「聞く」ために必要なポイントも多くお伝えしていきます。これは「いい話が聞けると、いい話し方ができる」と思ってのことです。

冒頭から抽象的なお話になりますが、「話し方」を武器にするためには「表現力」が必要不可欠です。

普段の話し方に「表現」をプラスできると、言葉に魂を宿らせることができると思っているんです。ちょっと大袈裟な言い方かもしれませんが。

とはいえ、「女優だからできるんでしょ?」「MCや演技をするわけじゃないから必要ない」という方もいますよね。正直、それも少なからずあると思います。

ですが、いいコミュニケーションにおいて大袈裟な表現が必要なわけではなく、ほんの少しでも「表現」を意識できるかどうかで、相手に「伝えられる」確率がグッと上がるのです。

なぜ私が「表現」が必要と思っているのか、少しだけお話しをさせてください。

以前、オンラインで講演をさせていただいた際、そこで「熱い思いが伝わってきた」と多くの視聴者の方から感想をもらったことがありました。

熱い気持ちが乗って話していたこともあったのですが、きっと「表現力」こそが、私の言葉に魂を宿してくれたんじゃないかと思うのです。

第3章でも触れましたが、私は人に言葉を投げかけた時、伝えたいことがそのまま

「伝わる」と考えるのは、自分のエゴと思うようにしています。

伝わるように工夫するのは、伝える側の「義務」でもあります。

どうすれば伝わるのか工夫を重ねてきた結果、力を入れるべきは「表現」を身につけることだと思ったのです。


「表現」を身につけると、相手の憶測を減らせるんです。

「それって、こういうことだよね？」と、わざわざ相手に確認させてしまうような話し方や、「こう言いたいのかもしれない」と憶測をさせてしまうことは、できるだけ避けるべきです。

「これは何を伝えたいのだろう？」と相手が考えるのは勝手ですが、真剣に「話し方」と向き合うのであれば、

受け取る側の思考回数が減らせる

ように努力する必要があるんです。

海外の方とお話しすると、その表現力と伝わりやすさに驚かされることはないでしょうか。

たとえ言葉が拙かったとしても、海外の方の話し方には「伝わるもの」があるように思えます。一方、日本語は語彙が豊富なので、つい言葉や小技に頼ってしまいがちなんですよね。

その手前で「表現力」を考えてみると、いいことがたくさん起こるのです。

POINT

女優でなくても、ＭＣでなくても、表現力を身につけると相手の憶測を減らせる。

TALKING

強弱をつける

表現力を身につける上で、強弱をつけることは外せません。

そんな当たり前なことかい！　と、きっと思いますよね。それも重々承知しているのですが、あえて書かせていただきたいほど重要なものなんです。

強弱といえば、「声の大きさ」が真っ先に頭に思い浮かぶかもしれませんが、ここでいう強弱には「速度」や「モーションの大きさ」なども含んでいます。

なぜあえて、強弱について伝えたいかというと、これはやっているつもりでも意外にできていないことの代表格だと思っているからです。

一度、自分が話している様子を録音して聞いてみてください。

すると、声の大きさや話す速度が一定だったり、メリハリが感じられなかったり。自分ではやっているつもりでも、意外にも淡々と話していることに愕然とすることが、私もよくあるんです（笑）。

もちろん、日常会話では強弱のつけすぎはよくないし、あまり必要ではないかもしれません。でも、意識的にコントロールできる力を持っておくと、伝わる確率をグッと上げられるのです。

具体的なやり方はとてもシンプルで、盛り上げたいところ・より伝えたいところで大きく（強く）する。それだけです。

ずっと意識していると疲れてしまうので、本当に伝えたい部分で声や動きを大きくしたり、速くしたり、力を入れたりする意識が持てれば、それだけで十分です。

キックボクシングを体験したことがあるのですが、構えている時は力を入れず、ミットに自分のキックをヒットさせる時だけ、ぐっと力を込めるそうです。

話し方に強弱をつけることも、まさにその感覚と似ています。

盛り上げたい、より伝えたいところ以外は、無理に頑張らなくてもいいんです。

お芝居でも、MCでも、そして会話でも、「やっているつもり」になっていることって実はたくさんあるんです。まさか自分が「やっているつもり」になっているとは、簡単には気づけないし、反発心も生まれるのですが、その「やっているつもり」を認めて改善しないことには、何ごとも上達しないのも事実なんです。

POINT

強弱は、「やっているつもり」になってしまいがち。まずは話す「強弱」に意識的になろう。

TALKING

自分のクセを知る

第3章で、私は「話し方」において、「見た目」が相手に対して与える影響は大きいとお伝えしました。

自分がどういう顔のタイプなのか、どういう雰囲気なのか、それらが相手にどういう印象を与えているのか。見た目を把握するとともに、「自分のクセ」も把握できていることが大切です。

なぜなら、自分のクセも見た目の特徴と一緒で、相手にメッセージを与えてしまうものだと思うからです。

例えば、よく頭を掻いてしまうクセのある人がいるとします。

この「頭を掻く」という行為は、お芝居では自信がない時や、真実をはぐらかしたい時、照れ隠しをしたい時などの表現として使われたりします。

なので、頭を掻くことで、自分では一切そんなつもりはなくても、「自信のない人」という印象を相手に与えてしまうこともあるのです。

自信がないように見せたい場合は別ですが、その意図がない限りは、このクセを止める努力をした方が、相手に与える印象はプラスに働きます。

だからこそ、まずは自分のクセを知ること。そして、

そのクセが相手に与えている印象を想像すること。

このステップを踏むことで、何かを伝えたいと思った時、もっとも効果的な表現方法を選べるようになると考えています。

自分のクセに振り回されるのではなく、しっかりコントロールして、表現に変えて

いく。これを意識できるだけで、より相手に伝わりやすくなるのではないでしょうか。

とはいえ、よほど気をつけない限り、自分のクセを把握するって難しいですよね。自分が話している姿を動画で撮影し、見てみることもとても有効な方法だと思いますが、これはとてもハードルが高いものです。私がおすすめしたいのは、「自分のクセを人に聞く」ことです。

「私って、いつもやってしまっているクセはあるかな？」
「私って、いつもどんな話し方をしているのかな？」

こんな質問をできる人は限られているかもしれませんし、質問をされた側もうまく答えられるかどうか難しいところではあります。

ですが、私の経験上、人は意外に細かいところまで見てくれているので、自分のクセを把握してくれている人も決して少なくないはずです。

ついやってしまう自分のクセは、知らぬ間に染みついたもので、無意識なことがほとんどなので、自分の力だけでは見つけるのがすごく難しいです。

だからこそ、恥ずかしさを一旦脇に置き、人の力を借りましょう。

人に聞いて、自分のクセを知る。

これが、自分が伝えたいことをしっかり相手に伝えるための、とても大事な一歩だと思っています。

POINT

自分が知らぬ間にしてしまうクセを人に聞き、そのクセが相手に与える印象を理解しておこう。

TALKING

身振り手振りで空間を操る

外国の方って、ボディランゲージがとても上手ですよね。

一方、日本はシャイで恥ずかしがり屋の方が多いのか、ボディランゲージを使っている人は少ないように思います。

ボディランゲージを日本語に訳すと、「身振り手振り」と言い換えられるでしょうか。

私も、外国の方のように感情を前面に押し出し、身振り手振りをして話すべきとは思っていませんが、有効的に使い自分の話し方に取り入れるようにしています。

ボディランゲージと身振り手振りには、私なりの違いがあります。

この解釈が正しいかどうかはわからないのですが、ボディランゲージは言葉だけでは表現できなかった思いや感情が溢れ出て、身体や表情に現れたもの。

一方で身振り手振りは、言葉と合わせて身体や表情で表現したい明確なビジョンや意思があり、それを表現したもの。つまり、

ボディランゲージは、偶然の産物。身振り手振りは、意思によるもの。

このように違いを考えれば、シャイで感情を出すことが苦手な人でも、意識すれば身振り手振りを使うことはできると思うんですよね。

例えば、「パン派ですか？　それとも、ご飯派ですか？」と聞きたいとしましょう。

もちろんこの質問を言葉だけで伝えることもできます。

でも例えば、この質問に合わせて「パン派」の時に右手を、「ご飯派」の時に左手を、

それぞれ前に出しながら言葉にしたとしましょう。

するとどうでしょうか。前に出された右手のあたりにパンが、左手のあたりにご飯が映像として浮かび上がってくるような気がしませんか？

このように身振り手振りを少し加えるだけで、相手は自分の話に対して圧倒的に想像を膨らませやすくなるんですよね。

これは、プレゼン資料を使いながら説明する感覚に近いかもしれません。

プレゼンで資料を使うのは、視覚的な資料があった方がより伝わりやすいからですよね。だけど、普段の会話では資料を使えないから、せめて身振り手振りで空間を操り、相手が受け取る情報量を増やすことが大事なんです。

さらにもう1つ、身振り手振りには大きなメリットがあります。

それは、「相手との共通認識を作れる」ということです。

先ほどの例に戻りますが、「パン派」の時に右手を、「ご飯派」の時に左手を、それぞれ前に出しながら表現をしたとしましょう。

その瞬間に手元に浮かび上がった映像は、一瞬で消えることなく、その表現を見た人の脳内にインプットされるんですよね。

するとその後からは、右手を出すだけでパンを、左手を出すだけでご飯を、勝手に想像してくれるようになるんです。

指を立てて、数字を示しながら説明することも同じですね。

「これから私がお話ししたいことは3つあります。1つ目は○○、2つ目は△△、3つ目は□□です」と一度言ってしまえば、そこから先は指で数字を作るだけで、相手は勝手に内容を想像してくれます。

ほかにも、高さや大きさなども表現できると思います。

例えば右手にA、左手にBを想像させた上で、右手だけを上に挙げたとします。

すると、何かしらの点において右の方が高く、優れていると表現ができるでしょう。

このように使い方次第で、身振り手振りによる表現は無限大です。

特に、ややこしい説明をしたい時ほど、すごく役立ちます。

一度、自分と相手との共通認識を作っておけば、毎度説明する手間を省き、時短につながるだけでなく、格段に相手に伝えられる情報量を増やすことができます。

人の想像力、脳内で補填する力は絶大なので、それをとことん使いましょう。

POINT

相手との共通認識を作るイメージで、身振り手振りをつけてみよう。

TALKING

胸を張る

私は話をする際、みぞおちがグッと上を向くようにします。そして、胸を相手の方向にちゃんと向けるようにします。

お芝居で、自信がない人や気弱な人、年配の人を演じる時、表現として背中を丸めたり、胸を引っ込めるような仕草をしたりすることがあります。

反対に、自信がある人や元気な人、若い人を演じる時には、胸を張るんですよね。

つまり、胸を張ることで自信や元気があるように見えるということです。

相手と向き合う際に、いつでも自信満々であるべきだと、ここで言いたいわけではありません。ですが、自信や元気がないように見えるより、あるように見えた方が、当然ですが圧倒的に相手に与える印象が良くなります。

すると、会話のハードルもその分下げることができるんですよね。

さらに、胸を張っていると、相手に興味があるように見せられる効果もあります。

相槌やリアクション、質問でも、相手の興味を示すべきだと思っていますが、まずは相手と向き合うスタンスから、見直しておくに越したことはありません。

胸を張っているだけで、見た目として相手への興味が伝わるのであれば、やらない手はないのではないでしょうか。

POINT

会話に自信がない時ほど、話し方よりも、自分の胸に意識を向けよう。

LISTENING

会話の最初はシンプルな質問から

「話さなきゃ……！」

この意識が、会話をする上でプレッシャーになってしまうなら、相手にたくさん話してもらおう。そう考えた方が、圧倒的に気持ちがラクになるし、自分もうまく話せるようになる。会話は相手と自分が「7：3」の割合でも十分成立する。

これらは前の章でお伝えした内容ですが、そのためには相手にたくさん話をしてもらうための工夫が必要になってきます。

私は、たくさんの質問をすることは大事なことだと思っています。

どんな質問ができるか。どんなタイミングで質問をするか。

これらを考えるスピードが上がってきた時、私はコミュニケーションがラクになったと感じたんですよね。

これからお話しする「質問の仕方」は、私がＭＣの仕事を通して得た方法ですが、主に「人との距離を縮めたい」「初対面の人との会話を広げたい」「仕事先の人と打ち解けたい」といったシーンでも役立ちます。

まずは、会話が始まる時。

私の場合、緊張から会話がスタートします。

そんな初手で、私はあえて「シンプルな質問」をまず投げかけます。

「ご出身はどちらなんですか？」

「ここに来るのは初めてですか？」

その時の状況に合わせて、内容はなんでも構いません。

パッと思いついた、シンプルな質問が好ましいです。

大事なのは質問の内容ではなく、相手の回答です。

もっと言えば、その内容ではなく、相手の答え方に注意を向けます。

なぜなら、こういったシンプルな質問を投げかけることで、相手がどういったコミュニケーションの取り方をするのか、そのタイプを見極められるからです。

自分からたくさん話をしてくれるタイプなのか。それとも、あまり自分からは話をしたくないタイプなのか。この2つを見極めていきます。

自分から話してくれそうな人を「10」、あまり話をしてくれなさそうな人を「1」と定義し、その相手がどの段階にいるのか、早いタイミングで見極められると、その後の会話の進め方を変えていくことができるのです。

今、目の前で会話している人が「10」に近い人なのか、「1」に近い人なのか。

ざっくりと、自分の感覚で構わないので、タイプ分けをしてみましょう。

例えば、2人の方に「ここに来るのは初めてですか？」と質問したとしましょう。

Aさんは、「そうです」とだけ、返してくれました。

質問した内容をしっかりと受け止め、向き合った上で答えてくれていますが、質問にのみ回答しています。

一方で、Bさんは「そうなんです、前から気になってたんですけど、チャレンジしてみたくて今日来ました」と、返してくれたとしましょう。

質問内容をしっかりと受け止め回答してくれただけでなく、さらにご自身の情報を付け加えて返答をしてくれています。

こういった方の場合は、たくさんの質問をする必要はなく、

「話してくれたエピソードをどうすればもっと深掘りができるだろうか？」
「どうすればもっと話してくれるだろうか？」

と、より話を盛り上げる方法を考えるだけ、もっと言うと楽しく相槌を打ったり、本当に興味が沸いたことに細かな質問をしていくだけで、いい会話が成立します。

一方Aさんは、もしかしたら話すことが苦手なのかもしれないし、積極的にコミュニケーションを取る方ではないのかもしれません。

こういう時には、相手が少しでも話したくなるような質問を、あの手この手で考えて投げかけたいところです。例えば、

「どういうことなら興味を持ってくれるだろうか？」
「どういうことなら話したいと思ってくれるだろう？」

と必死に考え、仕事のことや地元について聞いてみたり、はたまた趣味につながりそうなことを聞いてみたりと、様々な質問を投げかけていきます。

そして、少しでも多く話してくれた時、たくさんの情報を出してくれる質問が見つかった時には、その回答をどんどん深堀りしていく方向へと切り替えます。

会話がスタートした時は、なるべく早い段階でシンプルな質問をする。そして、その回答から、相手の話し方タイプを２つに振り分けてみましょう。

POINT

会話の序盤で質問を１つ投げかけて、相手が話すタイプか、そうでないかを見極めよう。

TALKING

質問の回答「＋α」で答える

会話が始まり、なるべく早い段階で「シンプルな質問」をして、その回答から相手が積極的に話をしてくれるタイプか否かを見極める、とお伝えしました。

これを意識的にやってみると、気づくことがあります。

それは、Bさんとコミュニケーションを取る方が、圧倒的にラクということです。

こちらが一生懸命に話を引き出そうとしなくても、たくさんの情報をくれますし、勝手に話をしてくれるし、何なら会話を回してくれることもあります。

だから、話し方を磨いていきたい方は、常にBさんでいられるように心がけることが大切だと思っています。

私も相手から質問をしてもらったとして、その質問が求めている回答のその先、何か1つでも情報をプラスできないかと考えながら、答えるようにしています。

話す仕事をするようになってから、この「質問以上の情報を乗せてくれる」ことのありがたさを、痛感したんですよね。相手から情報を1つでも多くもらえるだけで、グッと会話の難易度は下がるからです。

7：3くらいで相手に話してもらえるよう意識することで、会話のハードルを下げられると前にもお伝えしましたが、その根本には、

会話は発信ではなく、受信から始めるべき

という考えがあります。会話の早い段階で、相手やその場に関する情報をできるだけ収集できた方が、「どの分野の話を掘ればいいのか」「どんな質問をしていけばいい

のか」の判断材料が増えるからです。情報収集の段階でこの幅を広げられるほど、いい会話へとつながります。

そう思うと、やはり情報収集のためにもいい質問をするスキルは欠かせません。

自分から情報をプラスする際にも注意が必要です。

何でもかんでも、こちらが言いたいことだけを相手にぶつけてしまえば、相手にとってフラストレーションになってしまうからです。相手がほしそうな情報、会話が盛り上がっていきそうな情報をプラスしたいところです。そのために私が意識しているのは、

・相手がほしいであろう回答を想像する
・話の文脈を考える
・自分ならこんな情報をくれたら嬉しい、と思うものを伝える

・自分が持っている鉄板ネタ（話題）につながりそうな情報を出す

この4つです。特に、「自分ならこんな情報をくれたら嬉しい」と思うことは、相手への想像力を働かせる練習にもなるのでおすすめです。

POINT

相手と気持ち良くコミュニケーションをするために、自分から情報をプラスしよう。

LISTENING

ありきたりな質問をしない

会話の初めにシンプルな質問を投げかけ、相手のタイプを見極めることができたとしましょう。ここからの質問は、先ほどとは反対に「ありきたりで」「シンプルな」質問を避けなければなりません。

例えば、こんなイメージです。

「好きなご飯はなんですか?」
「お寿司の中で、一番好きなネタって何ですか?」

こういう質問って、よくされることがあると思いますし、それこそ間をつなぐために自分でもついしてしまいがちなものです。

私も、今でもありきたりな質問をしてしまうことがあります。

自分にも当てはまるという前提で、あえて、この場で言いますが……こういった質問をされても、正直……

めっちゃ困りませんか？

「好きなご飯はなんですか？」

「そうですね、パスタとか好きですね」

「そうなんですね、私も好きです！」

「へえー……」


どうしても、こういった淡白な会話になってしまいませんか？　本当に、あえて言っています。この本を読んでくださっている方の中に、同志はいらっしゃいませんでしょうか（急募）。

もちろん、こういう質問は意味がないのか？　と言われたら、そうとも言い切れませんし、必要なタイミングもあるでしょう。

でも、相手をより知るために、いい関係性を作っていくために投げかける質問にしては、得られる情報は少なく、その人のパーソナリティや人生を感じられません。

双方にとって「いい会話の場」を作っていこうと思うと、相手のパーソナリティや人生について、少しでも引き出していく質問をしたいところです。

具体的には、

回答が「名詞」ではなく、「動詞」になる質問する

意識を持つと、より相手のことを引き出せるようになります。

「好きな料理はなんですか？」よりも「料理は普段されますか？」

「お寿司で好きなネタはなんですか？」よりも「外食ってよくされますか？」

このように、相手が動詞を使って返せるような質問は、よりパーソナリティを感じられる回答が得やすくなるんです。

また、もし1つ目の回答でありきたりな答えしか返してもらえなくても、質問がこういう形になっていれば、次の質問が思いつきやすいんです。

例えば、「外食ってよくされますか？」と質問をして、「しますよ」と返ってきたとします。その後に、

「1人焼肉も行けたりするんですか？」

このように第二の動詞を引き出す質問を投げかけると、その相手が大人数でワイワイするることが好きなのか、1人でいることが好きなのかを知れそうですよね。

「どんなジャンルのお店に行かれることが多いのですか？」

もしくは、このような質問を起点に、相手の好みを探すこともできそうです。

「回答が動詞になる」質問というのは、要はその人の考え方や普段の行動、好みなど、この後の時間を使ってより深くパーソナリティを聞いていけそうな質問をしていくということです。

1つの質問しかできないわけではないので、いくつかの質問を使って深掘りしていくことを想定しつつ、まずはその起点とできそうな質問を1発目に持ってくるイメージです。

なかには、当たり障りのない会話が目的なシーンもあるので、その際はこういった工夫は考えなくていいでしょう。

でもそうではなく、「相手ともっと仲良くなりたい」「関係を深めたい」「話を盛り上げたい」際には、相手のパーソナリティを知ることを一番の目的に会話を組み立てていく方が、断然良いコミュニケーションにつなげられるのです。

POINT

誰にでも聞けることを、あなたが聞かなくていい。
相手の回答が「動詞」になるよう、質問を一工夫しよう。

LISTENING

「5W1H」の使い手になる

ここまで、会話の話題づくり、きっかけづくりのための質問についてご紹介してきました。ある程度、話題を作ることができたら、そこから先は話をさらに盛り上げていくことを考えていかなくてはいけません。

その時に私が意識しているのは、中学校で習う「5W1H」です。これは会話の中盤で使えるテクニックです。

もっと話を広げたいと思った時に、長い質問や難しい質問をする必要は、私の経験上ほとんどないと思っています。

それよりも、いかにシンプルかつ端的に、こちら側の疑問を伝えることができるか、相手に質問の意図を伝えられるか、相手がもっとエピソードを話す気持ちになるかを考えることが大切です。

・なんで？
・誰が？
・どこで？
・どうやって？
・何を？
・いつ？

会話を広げる時、私はこれら6つを質問するだけで成立できると思っています。

もちろん、相手との関係性もあるので、この「5W1H」だけで質問していいわけではありませんが、まずは難しいことは考えず、これらの疑問詞で質問ができれば十分です。例えば、こんな感じで質問をぶつけていきます。

・それって、なぜなんですか？
・誰が、それをやっているんですか？
・どこでやっていたんですか？
・具体的に、どのようにやっているんですか？
・何をしているんですか？
・いつから、それを始めたんですか？

これまでの会話で生まれた何かしらの要素に5W1Hを付け加えていきます。それだけで会話を掘り下げることができます。身体の重心がこちら側に見えたり、私もよくやってしまうのですが、

会話に自信がない時ほど、質問を難しく考える。

そんなことはないでしょうか。

もっと深いことを聞かなきゃいけない。

そう意気込めば意気込むほど、1つの質問にいろんな要素を詰め込んでしまい、尺は長くなり、相手の理解できない複雑な質問が完成してしまいます。

質問が長く、難しくなるほど、相手はその意図を理解するまでの時間がかかってしまうし、下手すれば質問の意図がわからなくなってしまいます。会話の序盤では上がっていたボルテージも落ちてしまいかねません。

POINT

簡単に考えればいいのです。質問は「5W1H」だけで十分です。

TALKING

事前にSNSをチェックする

私は、誰と話すかが決まっている場合は、必ず下調べをするようにしています。

今やSNSは、有名人や日頃から発信活動している人でなくても活用している人は多くなりました。そこで、事前にSNSをチェックして、ある程度の情報収集をしておくだけで、実際に会った時の会話のハードルはぐっと下がります。

例えばInstagramなら、食べ物の写真が多いのか、ファッションの写真が多いのか、どこかに出かけている写真が多いのか。その辺りに注目すると、どういう趣味を持っているのかがわかります。

こうして事前に主要なSNSをチェックし、どういう人なのかを想像するようにします。

そして、ひと通り調べ終わったら、実際に話せそうな話題がないかを考えます。

自分との共通点が見つかったのなら、その話題を投げかければいいですが、まったく共通点がなくても焦る必要はありません。相手の趣味に対して興味を示せば、話を盛り上げられますからね。

「キャンプ流行ってますよね。やっぱり楽しいんですか？」

「サウナって本当に整うんですか？」

このように、その趣味に対して全く無知であることを全開にアピールしながら質問をすればいいんです。こうやって事前に下調べをして、話に困った時にいつでも使える「武器リスト」を持っておくと、安心して会話に臨めるのでオススメです。

さらに、SNSで事前に調べたことを伝えると、高い確率で相手が喜んでくれるはずです。たとえ趣味のアカウントだとしても、頑張って更新しているSNSをちゃんとチェックして興味を持ってくれていることは、やっぱり嬉しいんですよね。

「SNS見ましたけど、最近海外に行かれてたんですね」とか、「最近アップされていたシャツめっちゃ素敵でした」など、素直な感想を口にするだけでOKです。

それだけで相手が喜んでくれて、信頼関係を築きやすくなります。

POINT

事前にSNSをチェックすれば、相手を喜ばせられるネタを仕入れられる。

LISTENING

「知らない」を武器にする

第2章で、自分自身の無知を受け入れた上でMCをするようになったおかげで、変化のきっかけを掴めたと前にお話ししました。

まさにこの、「無知を受け入れる」という意識を、相手への質問に乗せられたことが、変化につながったポイントだったと思っています。

会話をする中で、自分が知らない話題や知識が出てきたら、皆さんはどうしていますか。知ったかぶりをし、相手に無理して話を合わせてしまったり、ついつい適当に受け流してしまったりすることはないでしょうか。

私も以前はよくやっていましたが、自分の無知を受け入れてからは、わからないことは素直に聞き、教えてもらえるよう質問をするようにしています。これが大正解でした。本当は「知らない」って、いい会話を目指していく上でとても使える武器なんですよね。

いい会話をするためには、「いい質問をするべき」と言っていますが、その質問をどう考えるかがとても難しいですよね。この「知らない」は、いい質問をする上ですごく役に立ちます。

「知らないこと」を言葉にして質問をするだけです。

さらに「知らないこと」を質問に変えると、相手も嬉しそうに話をしてくれるメリットもあります。

専門分野や好きなものに関しては特に言えることですが、誰かに話を聞いてもらいたいと思っている人って多いんですよね。だから、「教えてください」のスタンスで質問を投げかけると、大抵の場合、相手も嬉しくなって丁寧に教えてくれます。

その結果、会話も盛り上がり、関係値も深められるので、「知らない」をさらけ出すのは本当にいいことだらけなんです。

POINT

知らない話題が出てきたタイミングは、いい会話をするチャンス。

TALKING

実体験を交えて褒める

いい話し方を目指す上で、「褒める」ことも大事なポイントの1つです。

「褒める」というのは、相手に喜んでもらえるだけではなく、より多くのことを話してくれるスイッチを押してくれたり、雰囲気を良くしたり、相槌の代わりになってくれたりと、たくさんのメリットがあるんです。

だからこそ、会話の中には積極的に相手を褒める言葉を入れるよう意識しています。

ですが、ただ褒めればいいというわけではありません。適当な言葉を使って、適当に褒めないこと。絶対に嘘をつかないこと。これが絶対のルールです。

気持ちが込められていない言葉や社交辞令は、大概の場合相手にもバレてしまうので、むしろやらない方がベストです。また、外見的な特徴を褒める場合も、相手のコンプレックスを刺激してしまうので、細心の注意払う必要があります。

では、どうやって褒めるかというと、その人が作り上げてきたもの、その人が身につけてきた実力を褒めることです。生まれ持ったものを褒められるより、自身の努力によって身につけたものを褒められる方が、相手は絶対に喜んでくれるはずです。

本当にすごいと思ったことを、素直にすごいと言葉にする。それだけで充分ではありますが、最近はもう1つ、意識していることがあります。それは、

自分の人生に置き換えた感想をプラスすることです。

例えば、学生のうちから起業した人がいるとしましょう。その人に対して、素直な気持ちで「すごいね」と言葉にするだけでなく、次のように伝えるイメージです。

「私が学生の時に、そんな大きな決断はできなかったから、すごいね」
「起業する勇気が出なくて、結局やめちゃったから、その若さで決断できてすごいね」

自分自身の人生からくるエピソードや実体験を少し添えるだけで、言葉が体温を帯びたものになるのでオススメです。

こちらがすごいと思うことの多くは、相手にとっては当たり前になっていることもあります。だから、単純にすごいと褒めるだけでは、まるで社交辞令のように、薄っぺらく聞こえてしまうこともあるんですよね。

POINT

相手を褒める時は、「なぜすごいと思うのか」その理由まで伝えるようにしよう。

「苦手な人」を見つけたら、いい会話にできるチャンス

人と話していると、「ああ、この人苦手だな」「考え方が合わないな」と思ってしまうことがあると思います。そう感じてしまうと、「別にこの人と仲良くならなくてもいいか」「話を聞かなくてもいいか」などと考えてしまわないでしょうか。

もちろん、プライベートの場であれば、苦手な人の話はシャットダウンしてしまうのも、時にはアリだと思います。でも、仕事の場だとそうはいきませんよね。

自分は苦手だと思っていても、仕事をする上ではコミュニケーションを取り続けなければいけない状況も多いのではないでしょうか。

そんな時にぜひ、思い出してみてほしいです。

「苦手」は、チャンスです。その「苦手」という意識は、いい質問をするための宝庫になるんです。

「苦手」に直面した時、感情的になりそうな自分をぐっと抑えて、まずはちょっと、その状況を俯瞰で見るようにします。すると、たくさんの疑問が湧いてくるんです。

「この人は自分とまったく違う考え方をしているけど、なぜそんなことを考えるようになったのかな？」

「何かきっかけがあったのかな？」

これを質問にして相手に投げかけるんです。それだけで、立派な会話が成立します。

会話が盛り上がる質問を考えるのはすごく難しいことですが、「苦手」から生まれる質問なら簡単にいくつか思い浮かべられるし、相手の考えや人生の深い部分を突ける可能性も高くなります。

その結果、相手も真剣に考えてくれて、普通に質問するよりも大事なことを言ってくれるようになったりもします。

そして「苦手」を起点に質問をしていくと、今まで見えてこなかったその人の人間性や、知られざる過去が見えることもあります。

それを知ることができれば、全体としてその人のことを好きになれなくても、共感できる考え方や、好きだなと思える部分が見つけられると、素直にその人に興味を持ち、相手と向き合えるようにもなるはずです。

POINT

苦手な人ほどシャットダウンせず、
真剣に向き合ってみると、思わぬ収穫が得られる。

LISTENING

クセがある人ほど、話を聞く

「気難しい人や、意見が強い人、意見を押し付けてくる人、こちらの話をあまり聞いてくれない人にはどう対応していますか？」と聞かれることがあります。

こういう方とお話しをする際、私が意識しているのは、

「とことん話を聞いてやるぞ！」

という意識を持って、その方と向き合うことです。

私の経験上、こちらの話をあまり聞いてくれない方は、「自分の話を聞いてほしい」、

もしくは自分の譲れない想いが強いケースが多いと思っています。

そんな場面が来た際は、自分の「知らない」を武器にしてみたり、「5W1H」を駆使してみたりして、できるだけ相手を深掘りできるように工夫します。

「相手にたくさん話をしてもらう」意識は、こちらの会話のハードルを下げるためにも有効ですが、ちょっとクセのある人とお話をする際にも使えます。

いくらクセがあるとはいえ、悪い人ばかりではないので、こちらが相手への興味を持って、丁寧に質問をしていくと、案外たくさん話してくれるものです。

POINT

どんな人でも、適当に受け答えをせず、「相手の興味」と「素直」さを忘れずに会話をしよう。

TALKING

「間」を怖がらない

「コミュニケーションを円滑にするためには、効果的に「間」を使いなさい」

これもよく言われる方法ですし、プレゼンなどで1人語りをする際に意識している方も多いかもしれません。でも、これが日常的な1対1の「会話」となると、「間を空けてはいけない」と感じる方も多いのではないでしょうか。

コミュニケーションに苦手意識のある人は、言葉がスムーズに行き来する会話を目指したいですし、反対に会話が続かずシーンとしてしまうのは避けたいところです。

だからこそ、何でもいいからとりあえず言葉を発して、隙間を埋めようと頑張ってしまう気持ちもすごくよくわかります。

ですが、私は話し方と向き合う中で、日常会話であったとしても、間が空くことを気にしないようになりました。

会話で間を空けてはいけないと思えば思うほど、余計に緊張してしまい、うまく言いたい言葉が思いつかない。そんなことが、かつての私にもよく起こっていました。隙間なくポンポンと言葉が出る人を見ると、素直に尊敬してしまいますし、そうなりたいと頑張っていた時期もありました。でも、私にはそれができませんでした。だから、スムーズに言葉を出すことを諦めてしまったんです。すると意外にも、会話の「間」がマイナスではなく、むしろプラスに働くことも多いと気づいたんです。

会話に間が空くことで、「真面目な人だな」「私の話に真剣に向き合ってくれている」と、相手にプラスの印象を与えられることも多いとわかったんですよね。

スムーズに言葉が行き交うこともちろん大事ですが、こちらの人となりが相手に伝わること、信頼を得られることも、会話における大切なゴールなんです。

とはいえ、話が途切れてしまうのが怖く、言葉がぶつ切りになってしまったり、冗長になってしまったりしまわないか心配だと思われるかもしれません。

そんな時は、「会話にも句読点を打つ」ことを意識してみてください。

文章を書く際、必ず句読点を打ちますよね。「、」や「。」を入れると、文章に区切りが生まれて、視覚的にも文節としても、言葉が頭に入ってきやすくなります。その打ち方、打つ場所は学校でも習ってきたと思います。

でも会話になると、句読点の認識が一気になくなってしまいますよね。

ただ、よく考えれば、同じ言葉を扱っているのだから、

会話にも「句読点」があっていいじゃないか！

と、思ったんです。それから、文節的に区切りが生まれるところに句読点を打つか

のごとく、ひと呼吸置きながら話すようになったんですよね。

読み手に読んでもらいやすくするために、句読点はあるはずです。だから、聞き手に聞いてもらいやすくするために、間が生まれてもいいんです。

スラスラ言葉が出なくても、うまく言葉をつなげなくても、それは「句読点」でしかない。そう思えたのなら、話が途切れることへのプレッシャーも少しは和らげられます。

会話での間を怖がらず、気負わずにいきましょう。

POINT

間を怖がらなければ、コミュニケーションはもっと気軽にできるようになる。

TALKING

「五感を刺激する言葉」を取り入れる

自分の考えていることをより相手に伝えられるよう、「例え話をうまく使う」というのはよく言われていると思います。

いかに優れた例え話ができるかを考え続け、そこで大事にしているのは、「ありきたりな言葉から、五感を刺激できる言葉に言い換える」ということです。

会話に使う五感は、主に目と耳、つまり「視覚」「聴覚」の2つですよね。

しかし当然ですが、私たち人間は五感のすべてを使いながら、そこからたくさんのことを感じて生きています。それなら会話でも、「触覚」「味覚」「嗅覚」も使えた方がより伝わるのではないか？　と思っているのです。

「遠足」という言葉か、どんなことを思い浮かべるでしょうか？

お母さんが作ってくれたお弁当の味、500円以内でお菓子を選ぶワクワク感、バスの座席を決めるヒリヒリ感、「家に帰るまでが遠足」という決まり文句など、あらゆる感覚が自身の記憶と紐づいて思い浮かんでこないでしょうか。

もちろん、全く同じ経験をしているなんてことはあり得ません。

ですが、誰もが経験してそうな体験から、似た感覚を思い出してもらうために言葉を選んでいくのは、伝える側にもできることです。


例えば、ワクワクする出来事があったとします。

その時に、「いやー、今、めっちゃワクワクする」というだけで、その興奮や楽しみにしていることは相手に伝わると思います。でもこれを、「いやー、今、遠足の前日みたいな気分がする」と言い換えるとどうでしょうか。

言葉が一気に体温を帯びて、興奮して眠れないような感覚、日常では感じられない特別感に対する楽しさ、嬉しさがよりリアルに伝わる感じがしないでしょうか。

当然ですが、会話というのは、これまで生きてきた人生も、経験したこともまったく違う人によってなされるものです。

だからこそ、できるだけその相手との共通認識を作るための工夫が必要なのです。

その1つの方法として、記憶や知識に紐づいた感覚を引き出すために、会話に「五感を刺激する言葉」を取り入れると、より魅力的な話し方へと変わっていくはずです。

POINT

例え話を上達させるために、「五感を刺激する言葉」を使ってみよう。

LISTENING

相槌は「はい」ではなく「うん」

相手への興味を伝えるために、相槌の打ち方も大事なポイントの1つです。

例えば仕事では、基本的に「はい」と相槌を打つ人がほとんどだと思います。

もちろん、「はい」というのは丁寧な相槌なので、必要なシーンがあることも理解しています。でも仕事だからといって、「はい」という相槌が常にベストか？　基本的には「はい」しか使ってはいけないのか？　と言われると、私の答えは「ＮＯ」です。

これには私の主観も入っているので、もしかしたら、全く共感できない人もいるとは思うのですが、「はい」の相槌が冷たく受け取れることはないでしょうか？

「はい」と言葉を発する時の口の形とか、息の出し方も作用しているのかもしれませんが、どこかで相手を突き放し、相手への興味が薄れているように聞こえるんですよね。だから私は、**仕事の場でも意識的に「うん」の相槌を使うようにしています。**

もちろん、すべてを「うん」に変えるべきというわけではなく、使う相手、使いどころは見極める必要はあります。

だけど、「はい」ではなく意識的に「うん」の相槌を使うだけで、相手への興味がダイレクトに伝わり、もっと話をしてほしいときや、話を盛り上げたい時の手助けをしてくれたことが、これまでの仕事の中で何度もあるんです。

相槌は「うん」だけでなく、「へえ」とか「えー」といったものでも効果的です。

POINT

相槌への意識を変えると、コミュニケーションとの向き合い方が変わっていく。

LISTENING

リアクションを蔑《ないがし》ろにしない

相槌に加えて「リアクション」も、相手への興味を伝えるため、話しやすくするための大事な要素です。

相手がもっとしゃべりたくなる安心感の根源には、やっぱり相手への興味は欠かせないもので、そう考えるとリアクションとも向き合う必要が出てきます。

今までの経験上、話が上手な方は自然とやっていますが、コミュニケーションが苦手な方、真面目な方ほど、その場から身体を動かさないまま話し続けるケースが多いと思っています。

だけど、時には表情を思いっきり動かしたり、体をのけぞってみたりするだけでも、相手に与える印象を変えることができます。

相槌だけでは足りない反応を、身体を使ってリアクションに乗せてみる。

これによって、相手に伝わる感情を補強することができるのです。

これはオフラインの場ではもちろん、オンラインでも同じことが言えます。
オンラインミーティングやライブ配信をする機会が増える中、ほとんどの人は一度決めた画角から動くことはありません。こういった動きのないまま話が進むのは、少しもったいないと思ってしまいます。

私はオンラインの場では、最初は自分の頭の上に少し空間が空くくらいに、画角を調整するようにしています。

そこから興味を示したい時にはグッと前に出て、頭が切れるくらいまで画面に近づいたり、逆に離れたりと動きをつけていきます。

もちろん、日常会話では、うっとうしくない程度のリアクションにするべきです。

本当に良いと思った時、心が動いた時

その分だけのリアクションを取る、という意識を忘れずにいたいものです。

POINT

大袈裟なリアクションはせずとも、会話に少しだけでも動きをつけてみよう。

LISTENING

人の行動、人生、考え方に目を向ける

私は仕事柄、様々な方にインタビューを行う機会があります。
インタビューといえば、こちらが相手に質問し、情報収集をすることとです。
だから「インタビュー」は、会話よりも一方通行なイメージがあるかもしれません。

でも私は「いいコミュニケーション」をするためにも、「インタビュー」する感覚、つまり「インタビューマインド」が大切だと思っています。

なぜならインタビューとは、「その人の魅力を引き出すこと」もしくは「その人自身も気づいていなかった魅力を言語化すること」だからです。

辞書で調べれば出てくる当たり障りのないものではなく、すでに存在する情報の向こうにある「相手の魅力」を引き出せれば、会話はもっと楽しいものになるはずです。

ただ、「インタビューマインド」と言われても意味がわからないですよね。

私がやっていること、意識しているのはとっても簡単で、「相手に興味津々になること」。これだけです。

相手への興味が詰まった質問は、会話の質を上げてくれるんです。

「何を考えているんだろう？」

「これまでどんな生き方をしてきたんだろう？」

「これからどのように生きていきたいんだろう？」

このように、相手への興味が詰まっている質問ほど、真剣に答えてくれる確率も上がります。そして、このような質問が、場を盛り上げ、関係性を深めることにつながると、これまでの経験からもそう言い切れます。

とはいえ、その相手になかなか興味を持てないこともありますよね。

その人が得意とする分野に興味を持てないとか、そもそも人に興味がないとか、そういった場合も少なくないでしょう。「なんでそんなに人に興味が持てるんですか？」と、実際に驚かれることも多くありました。

仮にその人自体には興味が持てなかったとしても、

その人の行動や、人生、考え方

であれば、興味を持つことができるのではないかと思っています。

たとえ興味がない人や分野だとしても、見方を変えて、そこにいる人の行動や考え方に意識を向けましょう。

POINT

相手への興味が詰まった質問は、会話の質を上げてくれる。

LISTENING

話の途中で、自分の感想を語らない

特にビジネスコミュニケーションでは、「相手が思っていること、考えていることをこぼさず聞き出す」というシーンがあると思います。

例えば、上司にアドバイスをもらう時や、部下との面談、クライアントの要望など、相手から情報を得なければならない時です。

そんな場面でよくやってしまうのは、相手が話したエピソードに対して、思わず感想を伝えたり、自分の経験をリンクさせながら話したりすることはないでしょうか。

「へー、そうだったんですね」

だけでは終わらず、例えば、

「私も高校生の時、それをやったことがあります。あれってめっちゃ大変ですよね。いやあ、すごく共感します」

みたいな感じです。ただ、私の経験上、このように会話の途中で

ただ「自分の感想」を伝えることで、いい会話になる確率は非常に低い

と思っています。

前提として、相槌や合いの手を挟むのは大事なことです。「あなたの話に興味がありますよ」というメッセージが伝わるので、どんどんやっていくべきです。

でも、相手の話が盛り上がっている時、相槌代わりとして自分の感想を語ったり、過度に自分の考えを伝えるのは、むしろ危険です。

理由は2つあります。

1つ目は、自分の感想を語ることで、相手の熱を下げてしまうからです。

感想を挟むと、物理的に会話のターンが自分側に移ってしまうことになります。その結果、相手の話は中断し、話す勢いが止まってしまうのです。

私が「話す仕事」をする中で思うのは、テンションは本当に大事ということです。テンションが乗っていれば話せること、その場の雰囲気に任せることで思いつく話題って、本当にたくさんあるものなんです。

相手の話に熱がある時は、聞き手として自分の心が動き、思わずその場で感想を言いたくなる気持ちもよくわかります。自分の記憶をたどり、関連するエピソードを話したくなる気持ちもすごくよくわかります。

だけど、その「自分が話したい欲」を前面に出せば、せっかく上がってきた相手の勢いを止めてしまうかもしれません。だから、できるだけ自分から感想を語るのは避けた方がいいのです。

もう1つの理由は、相手がこちら側のエピソードに興味を持ってしまうと、話題が移ってしまうことがあるからです。

自分の感想や考えていること、あるいはエピソードを伝えることで、当然ですがこちら側の情報が相手へ伝わります。その情報について、相手が興味を持って、何か聞きたくなるもかもしれません。

すると、まだ重要な結論が聞けていないまま、話題が違う方向へ切り替わってしまいかねないのです。

もちろん、それが話の幅を広げる働きをしてくれることもあります。

ですが、相手の話が盛り上がっていたとすれば、まだ話そうとしてくれていたこと、話したかったことが相手の中に残ったままの可能性が高いのも事実なんです。

感想を伝えるのは、相手の話題が終わっただろうと思えたタイミングに挟むのがベストなタイミングです。

そこまではグッと堪え、シンプルな質問や相槌を繰り返していく方がいいのです。


ちなみに。

「ホリエモンチャンネル」をよく見てくださっていた方の中に、「あれ？　寺田さんも相手が話しているエピソードの途中で感想とか、自分の経験を喋っていなかったっけ？」という疑問が浮かんできたかもしれません。

……正解です（笑）。めちゃくちゃ感想を言いまくってました。

私も話の途中で何度も感想を挟み込んでしまっていたからこそ、気づいたんです。

あ、これ、全然いい方法じゃないなって。

私の過去の動画を見てくださっている方は、相手が話す途中で感想を口にする姿を見て、ぜひそれを反面教師にして下さいね。

POINT

会話の途中で感想を伝えたい気持ちは一度グッとこらえてみよう。

LISTENING

人の話を遮らない

「人の話を遮らない」

それは誰かと会話をするにあたって、明文化されてはいませんが、やってはいけないタブー行為として、誰もが気をつけていることではないでしょうか。

長く「ホリエモンチャンネル」を見てくださっていた方はご存じだと思いますが、私はまさに相手の言葉を遮ってしまう常習犯でした。

私もまだまだ話を遮ってしまうこともありますが、私なりに実践している方法をお伝えしていきます。

1つ目は「相手の呼吸を見ること」です。

息を吸う時、私たちの肩は上がります。もしくは胸の部分が動くはずです。そのいずれかのタイミングは、相手が今から喋り出すサインです。大きく息を吸っている時、きっとその人には何か伝えたいことがあるのです。

大きく息を吸い込んでいる人を見かけたら、私の場合、何か自分に言いたいことがあったとしても、一度それを飲み込んでしゃべらないようにしています。

自分の意見は、その人がしゃべった後に言えばいいんです。

そして2つ目は、「物語の切れ目を想像すること」です。

前著『対峙力』（クロスメディア・パブリッシング）の中では、人の話を遮らないための技として、「話の切れ目を想像する」と書きました。

あれからさらに時間が経ち、「話の切れ目を想像する」のではなく、「物語の切れ目を想像する」と表現した方が、伝わりやすいだろうと思いました。

ここでいう「物語の切れ目」とは、「相手が話したいエピソードの終わり」のことを

指しています。つまり、相手が話すであろうエピソードの

「始まりと終わり」を想像して、相手の話を聞くのです。

例えば、「この前面白いことがあって」とエピソードを話してくれたとしましょう。

「この間、レストランに行ったんです。そこで、やたらと視線を感じて。その時は注文も終えていたから、店員さんではないだろうし。怖かったけど、勇気を出して視線の先を見ると、なんと小学校の同級生だったんです」

この場合、文章は4つあります。言葉を挟むタイミングとして、文章の切れ目を探すのなら、例えば「やたらと視線を感じて」の後ろに言葉を挟めてしまいますよね。

でもそれでは、こちらの質問した「面白いこと」の回答、つまりオチがまだ出てき

ていません。「おそらく、まだ話は続くな。だってオチがまだきていないから」と判断し、もう少し待ってから話を挟むのが良さそうです。

物語の切れ目を探し、オチを待つというイメージでしょうか。

それでも話がかぶってしまった時は、素直に謝りましょう（笑）。

そして、「ごめん、それでどうしたの？」とか、「それからどうなったの？」と聞き返します。そうすれば、相手も再び気持ちよく話してくれるはずです。

POINT

**人の話を遮らないために、
呼吸を見て、「物語の切れ目」を想像してみよう。**

TALKING

自分のこともちゃんと話す

第4章ではここまで、私の「話す・聞く技術」を実践する上で、自分の取ったコミュニケーションによって、相手に気を遣わせてしまう可能性を忘れないようにしておくのも大切です。

たくさんの質問をし、たくさんの話をしてもらった時、会話の最後にこんなことを言われてしまう、いや、言わせてしまうことがあります。

「自分の話ばかりしてしまって、ごめんなさい」
「喋りすぎてしまいましたね……すみません」

相手に話してもらった方が、いい会話が成立する。

そんな風に考えているのに、最後に相手を謝らせてしまっては、こちらも申し訳ない気持ちになってしまいます。

だからこそ、私は基本的に感想を伝えること、そして、自分の経験や自分のエピソードを話し、相手にこちら側の情報を伝えることは必要なものだと考えています。


でも私は先ほど、「話の途中で、自分の感想を語らない」とお話ししました。

要は、自分のことを話すタイミングに注意しましょうということです。

自分のことも話した方がいい。だけど、そのタイミングもまた重要。


だけど、それって難しくない？　と思いますよね。

いやほんと、難しいんですよね。今までどうやったらいい会話ができるかと、たくさん考えながら実践もしてきたけど、それでも難しいものです。

まず、相手の話が盛り上がっている時、すごく気持ち良さそうに話してくれている時は、言わずもがなNGです。

しかし、この盛り上がりを待ちすぎて感想を伝えそびれてしまうのも、経験上、逆に相手に気を遣わせてしまうことになります。

個人的におすすめなのは、盛り上がりの最高潮が過ぎたかな？　くらいのタイミングで、感想や自分のエピソードを挟むのがベストではないかと思っています。

本当にこの話のピークの判断は難しく、最終的には感覚でしかないとは思いますが、1つお伝えできるとすれば、私は相手の身体を見るようにしています。

先ほど「人は言いたいことがあると、息を大きく吸う」とお伝えしましたが、これと同じ感覚で、たくさん言いたいことが溜まっている状態の時は、身体が前のめりになっていたり、姿勢が良く見えたりします。

逆に、言いたいことを言い切ると、身体が後ろにいき、例えばイスにもたれかかったりするんですよね。息も大きくは吸わず、身体が落ち着いて見えることが多くなります。

実際に感想を伝える方法としては、自分のエピソードを少し添えることを意識するようにしています。

もちろん「勉強になりました、ありがとうございます」というシンプルな感想を述べるだけでもいいと思いますが、

少しだけ自分に関する話を添えてみる

ことで、次の話題が生まれたり、思いもよらぬ盛り上がりを見せたりすることもあるのです。

普段の会話の中で、もう一歩踏み込んだ感想を意識してみると、話し方がもう一段階変わるかもしれません。

POINT

感想を伝えるタイミングによって、その後の話の広がりに差が生まれる。

TALKING

ハマらなかったら諦める

「自分を変える」ための話し方、聞き方について、ここまでお付き合いいただき、ありがとうございました。

ここまでご紹介してきた方法は、私がMCを始めてから、人見知りなりに、会話が下手なりに、悩み考え抜いてきたものです。

それでも仕事柄、本当にたくさんの方とお話しする機会がありますが、そこで話をするたび「あー、この人は話がうまいなぁ」「私より質問が上手だな」「私が話すよりめっちゃ場が盛り上がっているじゃん」と思ったりもします。

この本の執筆がちょうど決まったタイミングくらいだったでしょうか。つい数ヶ月前も、こんなことを言われたんです。

「説明……長いよね」

「それさっきも言ってなかったっけ？」

「結論、どこ？（笑）」


結構、心がズタズタになりました（笑）。

話す仕事をしているし、話し方の本を書いている最中なんだけどなあ……。

こんな状況にもかかわらず、話し方の苦手なところからここまで来たと思えば、成長率は結構なもんだと思うんですよね（笑）。

だからこそ、私が実践してきた話し方や、コミュニケーションへ苦手意識を抱いている人の勇気となれれば嬉しいなと、少しだけ希望を抱いてもいるのです。

「話し方」と向き合う中で、いつからか私は、シンプルに考えるようになりました。

相手に対して、興味を持つ。
簡単な質問をする。
相手の話をたくさん聞くようにする。
最後には自分の感想とエピソードを添える。

たったこれだけで、だいたいの会話は成立することに気づきました。

今より少しでも良いコミュニケーションが取れるようになりたい、自分を変えたいという人にとっては、ここまでシンプルに考えても、良い会話を成立させることができると、身をもってお伝えができたかなと思います。

言葉や話し方が上手でなくても、考え方や方法次第で「伝える」工夫は誰でもできます。

そうは言っても、どれだけシンプルに考えても、どれだけいいと思える方法論を会得しても、相手のことを考えて話をしても、人と人とのやりとりでは、全く噛み合わない、伝わらないシーンもきっとあるでしょう。

そんな時は、1回諦めてしまいます。

そして、その人に対して具体的に何がはまらなかったのか、会話が終わった後に必ず反省するようにしています。

自分の話し方に何か問題があったのかをしっかりと受け止めつつ、それらを解消する方法を考え、次に活かそうとする姿勢が大事ではないでしょうか。

POINT

伝わる人には伝わるし、そうでない人には手を尽くしても伝わらない前提を持っておこう。

終　章

自分の足で歩いていく

独学からの卒業

私はこの2023年の夏、1つの決断をしました。

「話し方」の基礎講座を、学びに行くことにしたのです。

この決断に至ったのは、今年の5月ごろ、とあるイベントのMCをさせていただいたことがきっかけでした。そのイベントは、200名以上が参加する、とても大きなビジネスカンファレンスでした。

そんな中でやらせていただいたMC。

コテンパンにやられてしまいました……。

これまでもたくさんのMCをしましたが、YouTubeの番組だったりイベントだったりと、エンタメ色の強い現場が多く、ビジネスカンファレンスでのＭＣ経験はほとんどありませんでした。

主催者側が求めているものと、私が今までやってきたものでは、ジャンルが違っていたこと。そして、それらの違いが当日になって発覚し、開演時間のギリギリまで調整が続き、本番を迎えることになったのでした。

ここまで読んでくださった皆さんなら想像できると思うのですが、私は場を盛り上げたり、雰囲気を良くしたり、いい関係性を作る話し方、聞き方が得意です。この武器を身につけたことで、自分を変えることができ、自分自身を好きになれたので、本当に良かったと思っています。

でも、この時の現場に関しては、淡々として抑揚をつけず、いい意味で個性を出さない話し方が求められていました。

今まで、自分の個性を前面に出すことで、話し相手との関係を深め、面白い話や相手の本質を引き出すことに全力を注いできた私にとって、新たな引き出しを開けなければいけなかったんです。

一応、自分とイベント自体の保身のためにもお伝えすると、側から見ればこのイベントも十分成立していたとは思います。

でも、イベントを終えた私には、悔しさしかなかったんですよね。

本番が始まるまで、できていない自分を認め、全力で修正に努めたつもりです。その結果として、ある程度イベントは形になったと思うので、その決断と行動ができた自分は褒めてあげたいです。

とはいえ、淡々と事実を伝える話し方のスキルが足りなかったというのも事実です。

だから私は、新たな環境で、話し方を学ぶという決断をしたのです。

「いや、初めから学んでおけばいいのに」
「MCをやっているなら、話し方の基礎は身につけて当たり前でしょう」

そういった意見が出てくることも、よく理解できます。「大きな決断」なんて書いていますが、プロとして仕事をする身として、それも重々承知しています。

MCという職業に出会ってから現在まで、完全に独学でここまでやってきました。独学でやってきたからこそ、今の仕事や著書と出会えたので、後悔はしていません。これも1つの生き方だったのだと思っています。

だからこそ、「基礎」を学んでしまうことで、

私が大切にしてきた個性やキャラを失ってしまう。

そんな気がしてしまって、とても怖かったんですよね。

だけど、自分に必要なスキルが明確になったのに、このまま「学ばない」という選択をするのは違いますよね。


これからは自分の意思で、人生を変えていくために。

自分が成長できる方法、自分を変えられる方法を目の前にして逃げてしまう選択は、してはいけないと思うのです。

「ホリエモンチャンネル」からの卒業

そして、もう1つ。

今年に入って決断をしたことがあります。

仕事もなければ、右も左もわからない。

自分の手の中には何にもなかった。

そんなフリーランスになったばかりの2013年から担当するYouTube番組「ホリエモンチャンネル」のMCを、卒業したのです。

「ホリエモンチャンネル」のMC就任は、単に1つの仕事が決まる、ということ以上の意味を持っていました。

路頭に迷っている私に、居場所と未来をくれた。そんな感覚の方が近かったかもしれません。

MCという職業と出会わせてくれたのも、

自分だけでは見ることのできない素晴らしい景色を見せてくれたのも、

「従来の型にハマらずに生きていく」今の私の生き方の原型を示してくれたのも、

すべては「ホリエモンチャンネル」であり、堀江貴文さんでした。

気づけば10年という長い期間、堀江さんの隣でMCをやらせていただきました。

これまでいただいたすべてのことに、感謝してもしきれません。

でも、だからこそ、このままではダメだと思ったんです。

感謝するのと同じくらい、堀江さんの存在の偉大さ、ネームバリューの大きさにも圧倒される日々でした。気づけばどこに行っても、「堀江貴文の隣の人」という印象から逃れることができないようになっていました。

もちろん、その恩恵をこれでもかというほど受けてきたことは、私が一番理解しています。

だけど、その恩恵を大いに理解しているからこそ、ここで立ち止まっていてはいけない、自分自身の足で立っていきたいという思いもまた、強く抱くようになりました。

人は誰もが、人生の節目で大きな決断を迫られるものだと思います。

その中でも「変化」を追い求めるために下す決断は、とても悩むし、大きな意味を持ちますよね。

だからこそ、その決断を下すだけでも大きな力を使い、達成感すら感じるかもしれません。でも悲しいかな、

ただ決断を下しただけでは、人生は変わりません。

自分が求める「変化」を手に入れるために、自分が下した決断を正解にするためには、いつだって行動と思考が伴わなければいけません。

私もここからが勝負です。

これまで与えてもらったことを無駄にしないために、決断を正解にするために、そして明るい未来のために。自分の足で懸命に歩んでいきます。

成功のない人生を嫌がる

こうして人生を振り返ると、挑戦と失敗が多い人生でした。そんな私を見て、

「チャレンジするの、怖くないの？」
「失敗が怖くないの？」
「環境の変化が怖くないの？」

このような質問をしていただくことがあります。

結論から言うと、怖いです。

挑戦することも、環境を変えることも、人生を左右するほどの決断はもちろん、周

りからは小さく感じられるような決断でさえ怖いままです。
そう、私は超安定志向で、超保守的人間で、小心者なんです。
それでも挑戦を続けられる理由は、

チャレンジしない人生の方が、怖いと知ったからです。

フリーランスになってからの12年間、世の中の「デキる」「大物」と言われる方々とお会いし、コミュニケーションを取る機会ばかりでした。
大勢の人に向けて発信された言葉を直接受け取るだけでなく、仕事ではない場所でお会いし、コミュニケーションを取る機会も、ありがたいことに多かったのです。

そんな日々の中で、とても大きな気づきがありました。
それは、「すごい人も失敗しているんだな」「成功するまでに、ちゃんと挫折をしていたんだな」ということです。

すごい人であればあるほど、有名な人であればあるほど、その人の光り輝いている部分ばかりが私たちの目に入ってきます。

すると、成功のために失敗を積み重ねている姿が、どんどん想像できなくなってしまわないでしょうか？

本当は、すべての成功の裏には失敗があって、失敗を積み重ねた先に、やっと成功があるんです。たくさんの挑戦している人たちと関わり、コミュニケーションを取ったことで、私はようやく、その当たり前のことに気づけたんです。

どれだけすごい人でも、挑戦と失敗を積み重ねて今があるのに、自分は挑戦も失敗もできないまま、一向に自分を変えることもできず、なんとなく納得のできない人生を送るなんて、そんなの嫌じゃないですか。

そして思ったんです。

こうして成功のない人生を、嫌がり続けていればいいのかもしれないなって。

「挑戦を楽しめ！」

「失敗なんて、怖くない！」

そんな風に言われても、少なくとも昔の私にはそう考えることはできませんでした。
いくら失敗しても大丈夫、だからたくさん挑戦しなさいと言われても、その言葉を
信じて頑張ることってすごく難しいと思うんですよね。
でも、挑戦のない人生には失敗も成功も1つも生まれません。

挑戦するのは怖がったままでいい。
怖がったままでいいから、成功のない人生を嫌がってみる。
それだけで私は、人生が少し明るくなりました。

失敗を怖がりながら、前を向く

どれだけ挑戦できたかどうか
どれだけ行動に移せたかどうか
どれだけ失敗を、学びに変えられたかどうか

結局、これらの数を増やしていくこと以外に、人生を、そして自分を変える方法はありませんでした。

これまでの人生を通して、とても大きな学びがあります。

それは、どんなに大きな挑戦だって、やり終わった後には必ず、

「なんだ、こんなもんか」

と感じている自分に気づいたということです。

大手芸能事務所のオーディションを受けると決めたとき
上京したとき
フリーランスになったとき
MCを始めたとき

挑戦をする前は、そのすべてが不安でした。
超安定志向かつ、超保守的な私にとって、大きな挑戦であればあるほど、それはもう、この世の終わりかくらいに悩んでしまいます。
挑戦をした先で失敗する自分を想像してしまったり、うまくいかない人生を想像してしまったりして、怖くなってしまうんですよね。

でも実際にやってみると、なんとかなることばかりでした。

そして毎回思うのです。「こんなもんか」って。


今振り返れば、小さな頃から大人になった今まで、どんな挑戦も終わった時には「あんなに悩んで、アホやったわ」と思うことばかりでした。

たくさん挑戦をすれば、「こんなもんか」と思う回数も増えていきます。

そして、「あ、なんか大丈夫だったわ」という経験を、少しずつ積み重ねていくことができれば、人生はより良い方向へと変化していくのです。


さて。

この本も、まもなく終わります。

最後に今思うのは、私がこの本に書き連ねてきたこと、つまりこれまでの人生の中で経験し、得てきた大事な教訓の数々は、どれも当たり前のことばかりです。

だけど裏を返せば、当たり前のことを、当たり前にできるようになれば、人生を、そして自分を変えていけることでもあるのかもしれませんね。

これからも私は、私を諦めずに自分の人生を生きていきます。

この本を読んでくださった皆さんも、ご自身の人生を諦めず、今よりも自分を好きになれることを心から祈っています。

おわりに

思考に気をつけなさい、それはいつか言葉になるから。
言葉に気をつけなさい、それはいつか行動になるから。
行動に気をつけなさい、それはいつか習慣になるから。
習慣に気をつけなさい、それはいつか性格になるから。
性格に気をつけなさい、それはいつか運命になるから。

これは、マザーテレサの名言で、この言葉との出会いこそ、この本の原点です。本の打ち合わせをした際、「寺田さんぽいですよね」と、この言葉を教えていただきました。この名言を読んだ途端、一気に引き込まれたんです。そして大変恐縮ながら、自分の人生の縮図のようで、気づけば自分の人生を懐古していました。

コウノトリの存在を信じるが如く、いい運命はいつか誰かが運んできてくれると信じていた時期もありますが、今は運命は自分で手繰りよせるものだと痛感しています。

どうすればいい運命を手繰り寄せられるのかを考える日々は、苦しいこともたくさんありましたが、考え行動できる日々で良かったと、今心から思っています。

MCと出会えたこと、「話し方」と向き合えたこと。そのきっかけをくださった堀江貴文さん、「ホリエモンチャンネル」の関係者の皆さまに、心からの感謝をお伝えしたいです。

そして、運命に期待していたからこそ、大人の事情が絡んだ当時のオーディションのことも、心のどこかでずっと、恨んでしまっていた気がするんです。でもあの出来事がなければ、今の私はないわけです。

自分と向き合えるようになれて、本当に良かった。

変えられない過去は大事に心にしまっておいて、しっかりと、にっこりと。未来を見つめて、胸を張って生きていきたいなと思います。

＊＊＊

「最近の寺田さん、ベンチャーしていてカッコイイです」

そんな胸が熱くなるメッセージを添えて、2冊目の出版のお話をいただいたのが、今年の1月末。大阪の片田舎で、芸能界に入りたい夢を誰にも言えずくすぶっていた私が、まさか本をまた出版できることになるなんて。

本当に、人生はわからないものですね。

1冊目を出版させていただいた時、本は生き方や考え方を言語化し、誰かの人生の手助けができるものだと知り、不器用な私の人生に大きな希望の光をくれた気がして、とても興奮しました。

そんな希望を感じたからこそ、2冊目のお話をいただいた際、ものすごく嬉しかったのと同時に、何をどう書けばいいのか。とても悩んでしまったんですよね。


最後の最後まで全力を尽くしてくださった、クロスメディア・パブリッシングの小早川社長、編集担当の宮藤さん、柴さん、広報の古川さん、前多さん。そして、私を一番近くで支え続けてくれたマネージャーさん。さらには自身で運営するオンラインコミュニティSTAGEのキャストさんの存在も、大きな原動力でした。

たくさんの方の温かい気持ちが集まることで、やっと完成した本だと感じています。

皆さん、本当に本当にありがとうございました。


そんな大切に作り上げたこの本を書き上げた今、すごくスッキリしているんです。

今までの人生は、どこかで目に見える成果を出すことに必死で、認めてもらいたいという欲も強かったような気がします。でも、そんなことよりも大切なものがあると、この本を書き終えて再認識しました。

大事なのは、どう見られるかじゃない。どう生きていきたいかです。

ここまで読んでくださったあなたの人生もまた、あなた色の素晴らしい輝きを放ちますように。

［著者略歴］

寺田有希（てらだ・ゆき）

ベンチャー女優、MC
1989年生まれ。大阪府出身。

明治大学文学部文学科演劇学専攻卒業。

2004年芸能界デビュー後、2012年芸能事務所との専属契約を終了して独立。

2023年1月に約10年間務めた『ホリエモンチャンネル』のアシスタントMCを卒業。

メンズファッションチャンネル『B.R.CHANNEL Fashion College』やオーデマ ピゲ『時計のはなし』などでMCを務めるなど、多岐にわたり活動中。

著書に『対峙力』（クロスメディア・パブリッシング）がある。

自分《じぶん》を変《か》える話《はな》し方《かた》

2023年9月21日　初版発行

著　者　寺田有希

発行者　小早川幸一郎

発　行　株式会社クロスメディア・パブリッシング
〒151-0051 東京都渋谷区千駄ヶ谷4-20-3 東栄神宮外苑ビル
https://www.cm-publishing.co.jp
◎本の内容に関するお問い合わせ先：TEL（03）5413-3140／FAX（03）5413-3141

発　売　株式会社インプレス
〒101-0051 東京都千代田区神田神保町一丁目105番地
◎乱丁本・落丁本などのお問い合わせ先：FAX（03）6837-5023
service@impress.co.jp
※古書店で購入されたものについてはお取り替えできません

印刷・製本　中央精版印刷株式会社

　ISBN978-4-295-40881-9　C2034